蒙台梭利早教经典分段育

蒙台梭利养育4岁孩子

〔意〕玛丽亚·蒙台梭利◎著 刘 妍◎编译

中国妇女出版社

图书在版编目（CIP）数据

蒙台梭利养育4岁孩子 /（意）蒙台梭利著；刘妍编译. --北京：中国妇女出版社，2016.2

ISBN 978-7-5127-1228-7

Ⅰ.①蒙… Ⅱ.①蒙… ②刘… Ⅲ.①儿童教育—早期教育 Ⅳ.①G61

中国版本图书馆CIP数据核字（2015）第301008号

蒙台梭利养育4岁孩子

作　　者：〔意〕玛丽亚·蒙台梭利 著
译　　者：刘　妍 编译
责任编辑：宋　文
封面设计：尚世视觉
责任印制：王卫东
出版发行：中国妇女出版社
地　　址：北京东城区史家胡同甲24号　　邮政编码：100010
电　　话：（010）65133160（发行部）　　65133161（邮购）
网　　址：www.womenbooks.com.cn
经　　销：各地新华书店
印　　刷：北京通州皇家印刷厂
开　　本：165×235　1/16
印　　张：13
字　　数：230千字
版　　次：2016年2月第1版
印　　次：2016年5月第2次
书　　号：ISBN 978-7-5127-1228-7
定　　价：26.00元

编 者 的 话

玛丽亚·蒙台梭利博士是意大利第一位女医学博士，是20世纪享誉全世界的杰出幼儿教育家。1870年8月，玛丽亚·蒙台梭利在意大利安科纳地区的基亚拉瓦莱小镇出生。父亲是军人，母亲贤淑文静，博学多才。

蒙台梭利从小受到非常好的教育，虽然是独生女，但父母对她从不溺爱。幼年起她便自律自爱，独立，同情弱者。13岁时，蒙台梭利选择米开朗琪罗工科学校学习数学，这在当时的女孩子中是很少见的。而她从这所学校毕业时，是成绩最优秀的学生。后来她学习了现代语言与自然科学，此后对生物学产生兴趣，于1890年进入罗马大学学习生物学。在学习生物学期间，她又对医学产生了浓厚的兴趣，决定学医。由于当时保守的欧洲社会是没有女子学医的，她的决定不仅遭到父亲的反对，而且不被当时的教育体制所允许。但蒙台梭利凭着坚强的意志和不断的努力做到了，获准进入医学院。1896年，26岁的蒙台梭利获得罗马大学医学博士学位，成为意大利第一位女医学博士。也许由于她自己的选择从来都遵从于兴趣，才有她后来的“教育要根据孩子兴趣捕捉孩子的‘敏感期’”的理论。

毕业后的蒙台梭利成为罗马大学附属医院的一名精神科临床医生。由于当时残疾和智障儿童的治疗是在精神病院进行的，蒙台梭利的工作就是治疗这些儿童。蒙台梭利对这些孩子发自内心地同情，认为他们不该被关在这里，他们所受到的粗暴对待是导致他们智力下降的重要原因。她对智障儿童教育产生了浓厚的兴趣，决心去帮助他们。在长期的研究与实践中，蒙台梭利总结出：儿童的智力缺陷主要是教育问题，而不是医学问题。这一认识使她能够从一位成功的医生最终转变成一代伟大的教育家。因为她发现，智障儿童虽然比同龄孩子差，但与更小的孩子在智力和行为能力上有许多共同点，自己为特殊弱势儿童设计的教育方法一定也适用于正常儿童。

1907年，蒙台梭利在罗马圣罗伦斯区建立了第一个“儿童之家”，她特意选址在罗马最贫困的地区，招收3~6岁普通儿童，用自己独创的方法加以教育。结果是惊人的：那些贫寒家庭的儿童，经过她几年的教育，全部成为聪明活泼、举止优雅、自信自强的孩子，心智较之前有了巨大改变。她这套教学方法立刻轰动了意大利甚至欧洲其他国家。到20世纪40年代时，蒙台梭利学校已遍布世界各地，仅美国就有2000多所。

1952年5月6日，82岁的蒙台梭利在荷兰去世。她的传记被列入12位“帮助世界的人们”传记丛书。她曾3次获得诺贝尔和平奖提名。英国教育家称赞她为“20世纪赢得世界公认的推进科学和人类进步的最伟大科学家之一”。美国教育家称赞:“当前讨论学前教育问题，如果没有论及蒙台梭利教育体系，便不能算完全。”德国教育家这样评论她:“在教育史上，能像蒙台梭利教育法如此举世瞩目的并不多见。”虽然经过了近百年，但她的名字和她革命性的教育观却延续下来，并被越来越多的人所接受。

蒙台梭利提出儿童发育“敏感期”的观念，认为无论是行走、语言、绘画，或是音乐、数学，每个孩子都有一个敏感期，孩子在这一时期具有强烈的学习愿望，并且能轻松学会任何他们渴望学习的事情。捕捉到孩子的敏感期，对他们加以引导，就能取得事半功倍的效果。孩子没有到达敏感期，任何逼迫的学习都是徒劳的，而延误了时机，则会对儿童的发展造成障碍。

从出生到3岁，儿童会积极、专注且自发地吸收外界的一切印象。这期间的吸收，完全在一种无意识的状态下。也就是说，他们并不知道自己正在学习，他们吸收了周遭种种的习惯、风俗、生活习态等，并在他们的心中根深蒂固。这种特殊的精神状态，蒙台梭利称为“有吸收力的心灵”。

在3～6岁之间，儿童已发展出有意识的心智，可经由双手从外界环境中汲取经验。这时，儿童的感觉器官会变得十分敏感，透过感官所感觉到的事物，逐渐完成儿童的精神发展。因此，成人应该跟随孩子的兴趣去帮助他们学习，而不是强迫他们学习或是强行灌输知识。

到目前为止，蒙台梭利的著作已被翻译成20多种文字，在中国也有多种对蒙台梭利著作进行翻译、简写或改编的作品，但是按照儿童阶段发展进行编译的比较少，尤其是对学龄前儿童按年龄阶段进行编译的则更少。为了传播蒙台梭利的经典早教理念，我们将蒙台梭利的经典学术名著按照年龄阶段进行全新通俗化编译，策划出版了本套“蒙台梭利早教经典分段育”系列丛书。我们在忠于原著的基础上，对内容、结构进行了梳理，按照不同年龄段进行编译，这样做的目的是：

◎帮助读者根据自身情况更直接地获取相关知识；

◎减少阅读障碍，使读者享受轻松的阅读；

◎基于不同年龄，掌握蒙氏一系列有针对性的教学策略和方法。

本套丛书主要针对儿童早教，包括1~6岁六个年龄阶段，每个阶段的敏感期、学习的重点、教育的核心等皆不相同，据此，书中会给出蒙台梭利所倡导的不同教育策略和智慧。并且，在每本书的最后，我们还附上了根据蒙氏理论与中国儿童实际生活环境编写的早教游戏训练，旨在帮助读者将书中的理论更好地运用在实践当中。

读者既可以按照年龄阶段来进行阅读，也可按照问题进行阅读，这会减轻读者的阅读负担，节省时间和精力。但是，读者在阅读时需要注意，由于个体差异的关系，每个儿童的发展阶段并不能依年龄来强制划分。但前期的发展必为后期发展的基础，发展的过程是无法以跳跃的方式来进行的。这要求我们既需要有针对性的阅读，也需要对孩子和蒙氏教育有整体性的了解。

希望本书的内容可以对读者朋友的生活、学习或工作有所帮助，这将带给原作者及编译者最大的满足。在本书的编译过程中，得到了李好、李值、焦婷、刘斌、杨婷、刘绍勇、刘晨希的帮助，在此一并表示感谢！当然，本书肯定还会存在不少问题，再次恳请读者不吝赐教。

刘　妍

2015年冬

年龄段	整体特质	身心特征	兴趣和能力	心智能力
3～4岁	稳定的注意力	● 协调肌肉运动 ● 掌握平衡 ● 手和脑共同配合 ● 建立书写心理—运动冲动通道	● 进入书写爆发期 ● 书面语言和口头语言平行发展 ● 认识数字的概念 ● 区分大小、厚薄、长短 ● 进行行走、投掷、上下楼梯、起立、跳跃等训练	● 喜爱地图，借助观察地图获得更加直观的印象 ● 把看到的东西进行形象化处理 ● 对世界充满好奇，喜欢反复提问 ● 容易将注意力投向熟悉的事物
4～5岁	内心的纪律感	● 学习控制肌肉 ● 处于试误阶段 ● 经过经验积累，动作逐渐协调	● 通过自觉“工作”发展纪律 ● 安静训练 ● 搬动物品训练 ● 走直线训练 ● 穿脱衣服、系扣子、系鞋带练习	● 具有一定的服从能力 ● 学会控制错误 ● 不会自己判断事情的好坏、美丑、善恶，而是依据大人的标准进行判断
5～6岁	行动中的意志力	● 肌肉协调运动 ● 在工作中逐渐变得自律 ● 动作能与音乐旋律协调	● 进行学前能力培养 ● 书写能力练习 ● 阅读能力练习 ● 运算能力练习 ● 手工劳动能力练习	● 在自由交往中训练意志力 ● 有规律的活动逐渐增加 ● 意志力增强，学会平衡冲动与抑制 ● 学习自己行动、自己做决定、自己思考

续表

年龄段	环境	生活	教育建议
3～4岁	●需要自由活动的场所 ●为孩子准备能培养主观能动性的物品 ●向孩子提供可以引发他们关注颜色、形状、声音、触觉的物品	●注重个人形象和仪表 ●作息规律	●提供适当的训练材料 ●学习要与实际经历相结合 ●教育孩子时语言简洁、清晰、明确
4～5岁	●生活环境要有趣 ●缺少创造性活动会阻碍孩子充分的发展 ●多接触现实，体验和理解环境，能帮助孩子摆脱紊乱状态	●为孩子提供的东西只有一个，让他们学会等待 ●不要给孩子提供过剩的物品 ●不要娇生惯养	●厌食、贪食、噩梦、怕黑等表现可能是由心理问题导致的 ●奖励和惩罚对孩子都是无效的 ●孩子开始做事情时，不要打断
5～6岁	●物品摆放整齐美观，易于取用 ●工作的房间要简洁、舒适，便于孩子自己打扫	●拥有自己的柜子、桌子、椅子等物品，也与他人分享一些物品 ●自己搞个人卫生 ●不光完成自己的事情，还能主动帮助他人	●当孩子遇到困难时，不直接告诉孩子如何做，让孩子自己想办法 ●让孩子接触重大工作 ●应尽可能多的与孩子相处，多让孩子参与家庭生活

目　录

MONTESSORI BRINGING UP
YOUR 4 YEARS OLD
CHILD

第1章　天才的秘密

1．4岁是认知发展的关键期 // 2
2．形象化认识这个世界 // 11
3．充满好奇地提出各种问题 // 16
4．良好的秩序 // 22
本章小结 // 30

第2章　培养儿童稳定的注意力

1．把儿童的意识引向明确的目标 // 34
2．专注力是内部力量作用的结果 // 41
3．如何培养孩子的注意力 // 44
4．更高阶段注意力的培养 // 48
本章小结 // 53

第3章　开始学习书写

1．4岁的孩子对书写有浓厚兴趣 // 56
2．正确认识书面语言 // 64
3．要分析孩子的语言 // 69
4．正确使用教具来帮助孩子书写 // 76
本章小结 // 89

第4章 算术入门：数字教学

1. 用教学用具帮助孩子认识数字的概念 // 92
2. 认识用符号呈现的数字 // 108
3. 从1到20的简单计算 // 120
本章小结 // 131

第5章 儿童的体格训练

1. 遵循儿童的生长规律 // 134
2. 儿童体操 // 141
3. 成人要理解儿童运动的意义 // 147
本章小结 // 153

第6章 学会爱你的4岁孩子 // 155

1. 实际生活中的关爱 // 156
2. 规律的作息和自我管理 // 162
3. 帮助孩子在巨人的世界里生存 // 178
4. 帮助儿童获得灵魂的快乐 // 186
本章小结 // 190

附 录

识数训练 // 194
认识小动物训练 // 195
节奏感训练 // 196

第1章 天才的秘密

MONTESSORI BRINGING UP
YOUR 4 YEARS OLD
CHILD

> 儿童的大脑吸收文化的年龄要早于我们的想象，而儿童获得知识的方式则来自与运动有联系的某些活动。

·1·

4岁是认知发展的关键期

在自然规律的影响下，4岁的儿童会努力在周围环境中寻找一些有益的经验。他们使用手，一方面是满足实践的需要，另一方面也是为了获取知识。当把儿童安排在我们为他们布置的新环境中时，他们的表现十分出乎我们的意料。他们看起来更快乐，他们会兴致勃勃地去做事情。即使长时间做一件事，也不会感到疲惫。他们的头脑似乎变得灵活了，他们对知识也充满了更加强烈的渴望。这些变化一般出现在书写爆发期之后，给儿童带来了更多的乐趣。

强烈地渴求学习词汇

在我所创立的学校中，起初在这里工作的老师受到的教育不多。他们把很多写在不同卡片上的单词拿给孩子读。但没过多久，他们就觉得自己的词汇量不够了。他们只知道一些关于周围事物的词汇，可孩子还希望学到更多的词汇。所以我开始找一些相对专业的词汇，比如多边形、梯形、三角形等几何图形的名称。之后，我继续给他们写出温度计、气压计这种更专业的词汇。再后来，我还把一些植物学方面的词汇教给他们，比如花冠、花萼、雌蕊、雄蕊等。孩子们总是充满热情地去学习，之后又提出学习更多词汇的要求。有时候，我们带孩子到户外去，他们竟然会跟老师说出各种各样汽车的名字，甚至有些车连老师都不认识，这让老师非常尴尬。

这个年龄段的孩子强烈地渴求学习词汇，而且对学习完全不知疲倦。可是一旦进入下一个阶段，情况就完全不同了。儿童进入其他能力的关键期，吸收新词汇对于他们来说变得越来越困难。我们注意到，儿童在这段时期学习的词汇会让他们一生受用。从他们8~9岁开始上学起，他们就能够自如地使用这些词汇。由此，我们得出结论，儿童学习语言的最佳时间段是3~6岁。

其实，书写爆发期并不是会爆发出什么东西，从表面上看它就像“火中的一缕轻烟”，但这只是表面现象，真正的爆发发生于人们的内在个性。其实，人们的内在个性就像一座还未爆发的活火山。从表面上看，它很平静，没有变化，而它内部的岩浆总有一天会剧烈地迸发出火焰来。于是，专家可以通过火山喷发时的火焰形态和它喷发出的物质，去研究地球的内部形态。

然而，我们来认真地进行下一步思考：有意义的语言是以什么为基础的呢？不就是语法吗？成人和儿童说话都需要符合一定的语法规则。4岁的儿童正处于完善自身语言机制、扩大词汇量的过程中，如果这个时候我们能给他们一些语法方面的帮助，对他们的语言发展是很有好处的。我们可以通过教授语法来帮助他们进一步熟练掌握自己正在学习和吸收的口语。从以往的经验中我们发现，语法能引起儿童兴趣的时候是最适合教儿童语法的时机。儿童在第一阶段（0～3岁）以无意识状态学习语法，而现在他们要有意识地对自己进行完善。另外，我们还发现，儿童可以在这个年龄段学习很多新词汇。他们对词汇具有的一种特殊敏感性能帮助他们自然而然地积累大量的词汇。

这是儿童词汇量发展最快的时期，很多试验都为此提供了证明。这一时期的儿童好像对学习新词汇充满了渴望。如果得不到帮助，他们的学习就会进行得很吃力。因此，我们也应该系统地对他们进行词汇的训练，以满足他们的需要。

具有极强的接受能力

我们给儿童准备了一些大小合适的小物件，以方便他们使用。当儿童发现自己置身于实实在在的生活中时，他们产生的反应让我们感到意外。当然，我们成人也需要进行一定的努力，去解释它们的意义，来促进这种教育方法的实行。

我们认可的那些教育方法，还没有能够取得成果的。而在这些成果逐步展现的过程中，它反而为我们教育孩子指出了一定的方向——我们应该创造出生命需要的条件。儿童在发展的过程中不应该受到阻碍，在选择成人为他们提供的行为方式时，儿童应该是自由的。这是一个重大的儿童心理学发现。从北极探险归来的探险家皮尔里[1]把它叫作“人类心灵的发现”。皮尔里认为，这其实并不是在对儿童进行教育，而是在呼唤人类的天性。

有两个事实从一开始就存在着。

第一个事实：儿童的大脑吸收文化的年龄要早于我们的想

1　皮尔里，美国探险家，部分学者认为他是第一个到达北极的人。

象，而儿童获得知识的方式则来自与运动有联系的某些活动。我们都知道，孩子在3～6岁这个年龄段具有非常强的接受能力。处在这个年龄段的孩子只有在活动的过程中才能展开学习。儿童需要通过“工作”使自己得到发展。

第二个事实：在吸收学习的过程中，儿童对自己曾经了解的东西具有一种特别的兴趣。儿童能够很容易地把自己的注意力投注在这些事物上。例如，儿童书写爆发期的开始就跟他们对语言的敏感性有一定的联系。在他们可以说话之后，书写爆发期就体现出更强的操作性了。

到5岁半或6岁时，儿童的语言敏感性就不那么显著了。所以，只有在这之前学习书写，儿童才会表现出较高的兴趣和热情。而当儿童超出了这个年龄时，他们就失去了自然赋予他们的特别时机，这时他们再想学习书写，就要付出特别的努力。

同样，由我们的经验可以得出这一结论：儿童的书写能力一方面得益于他们在之前阶段获得的经验，另一方面得益于他们曾经进行的实践准备，那就是我们为儿童提供的培养他们感觉、分辨能力的多种不同的手工实践。由此，我们获得了“间接准备”这条新的原则。

我们提倡使用图形或实物来促进儿童学习词汇。不过，很多家长可能不同意这样做。如果他们的孩子也把家中花园里所有的植物连根拔出，这些家长将作何感想呢？

学习语言离不开文化环境

语言能够让人融入他所生活的群体和民族，而且是人类同其他物种的一个主要区别。与此同时，语言还是环境（我们把它叫作文明）变化的基石。

人类的生活跟动物不同，不完全依赖于本能。我们也不能够预测一个婴儿将来要做什么。可有一点是毫无疑问的，那就是即使一个人再聪明，如果无法跟别人进行交流，他就什么也做不成，因为这种交流对一个人的成功来说是十分重要的。我们要知道，语言是一种集体思想的结晶。

在人来到这个世界之前，还没有什么语言的概念。对于他们来说，语言只是空气的震动或者一些声音的串联，这些声音是没有意义的。例如，对于他们来说，容器和水壶这个词就没有什么逻辑上的联系。水壶一词具有的意义，是人类赋予它的特定含义。这对于其他的词来说也是同样的。每一个词语具有的意义都要得到部分人类群体的共同认可。要想理解这些词语的意思，就要了解这些词语。而其他的群体在表达同样的意思时就可能使用一套完全不一样的语音。

所以，语言就是一面墙，它把一群人围在墙里，与外面说着不同语言的人隔绝开。或许正因为这样，词语在人的头脑中有了一种神秘的作用。它能够超越民族将人们紧密地联系在一起。语言就像人们之间的一条纽带，能够根据人类的需求进行一定的发展和变化。可以说，随着人类思想的发展，语言也会成长。

令人觉得奇妙的是，有限的几个声音能够组成纷繁复杂的单词，它们的组合方式非常多，组合出来的单词也是无穷无尽的。其中有些声音需要发出来，有些则并不需要发出来；有些声音在发出时要闭紧双唇，有些则要张开双唇。可更令人感到惊奇的是，我们的大脑能够记住大量的组合和它们的含义。这就是思想，它是用单词组合成的句子。句子中的单词也一定要以特定的顺序来进行排列，不能一点儿秩序都没有。说者和听者都要按照特定的原则来进行表达并理解句子的意思。说者应该使用名词，并且在名词前加上一定的形容词。主语、谓语和宾语在句子中都有一定的位置。只有单词正确还远远不够，语序也非常重要。我们可以举例子来说明这个问题。把一个表述上完全正确的句子写下来，然后再把其中的每个单词都提出来，重新进行随意的组合，新句子就不再表示原来的意义了。也就是说，在单词的排序问题上，人们也有共同的标准。

从某种程度上来说，语言是超越智慧的。历史上，语言的发展并不是非常顺利的，当它所处时代的文明遭到了破坏，语言也就很难摆脱厄运——如果不经常被使用的话，有些语言就慢慢地消失了。人们最初可能会觉得语言是上天赋予人类的，可是我们必须要承认，语言是超自然的，是人类思想与智慧的产物。语言就像无边无际的网络，向着各个方向进行发展，能够表达各种各样的事物。我们可能花了很多年对梵语或者拉丁语进行研究，却仍然不能够完全掌握它们。这也许是人们无法了解的秘密，我们应该懂得，人们要做成一件事，就一定要用一种共同的语言与他人进行沟通，这是一个基础。语言是人类使用的一种特别重要的东西。

把语言和环境关联起来

我们在这里提倡的不是机械地学习词汇，而是当我们教孩子新词汇的时候，最好把这些词汇跟实物或孩子的户外活动相结合，让新词汇跟孩子的实际经历相呼应。比如，介绍花卉、树木等方面的词汇时，可以带孩子们去看看花或树叶的样子；讲述岬、湾、海岛等地理词汇的时候，可以借助地球仪。有了实物、图片或图表，儿童能够更容易地记住这些单词。

儿童学习这些内容本来没有困难，反而老师可能会觉得这些词汇对孩子们而言容易相互混淆，难以记清。有一次，我遇到一件事情：

> 一个在校学习的14岁男孩对花的各个部分的名字不太了解。突然跑过来一个3岁左右的孩子，他指着花说："这是雌蕊。"说完，他又跑了回去。

> 一次，我根据教科书给孩子们讲述植物根的不同种类，还利用墙上的挂图给他们做讲解。一个孩子跑过来问我这些图上是什么东西，我给他进行了解释。没过多久，我们就发现花园里的植物无一例外地都被拔出来了。这个孩子被植物的根深深地吸引了，他想把所有的植物都拔出来看个清楚。

把看到的东西进行形象化处理，要经历一个艰难的阶段。这跟儿童认识物质世界的过程是一样的。最后，儿童通过联想把真实的事物同词汇联系在一起。

·2·

形象化认识这个世界

0~6岁是儿童心理发展的第一个阶段，6~12岁是儿童心理发展的第二个阶段，12~18岁是儿童心理发展的第三个阶段。儿童在发展的第二阶段会把他们在前一阶段获得的东西呈现出来。语言学习就是很好的例子：在第一阶段，儿童经历了一系列的小进步，这些进步跟我们编排语法书的方式是相同的。儿童首先做到的是发出声音，然后进行音节的发音，接着是名词、动词、形容词、副词、介词、连词等的发音。我们可以按照这样的顺序在第二阶段帮助儿童。如果这时我们认为应该从教儿童语法开始教他们书写，就会让人觉得无法理解。怎么能从教儿童语法开始教他们书写呢？在他们能够读写之前，我们怎么能教他们语法呢？

呈现自己获得的知识

人们往往觉得，这一年龄的儿童有两个主要需求：玩木质几何图形；在讲故事中发展想象力。成人觉得玩木质几何图形可以帮助儿童直接地把自己的思想和周围的环境联系起来，进而让他们认识和了解世界，达到心理快速发展的目标。讲故事则被视为一种促进儿童想象力发展的方法。而儿童又会在游戏中释放这种想象力，在亲自动手做事的过程中，儿童增强了体力，人们会很自然地觉得这些活动让儿童的大脑跟外界进行了沟通联系，对儿童帮助很大。

其实儿童的认知跟他们看到的东西并不是完全吻合的，因为他们不只是直观地认识这些，而且具有非常丰富的想象力。

儿童需要一种非常有序的心理活动能力来勾画他们没有看到的事物。如果只有看到某种东西后大脑才能记住，那么我们只需要把儿童带到户外去，他们就能了解一切。但实际情况并非如此，我们不只是用眼睛来吸收事物的，构成我们文化的也不只是我们所见到的事物。在了解世界的过程中，如果我们没见过湖泊或者冰雪，就要发挥想象去描述出它们的样子。要做到这一点，就需要具备某种特别的心理能力。

我们无法说明儿童的想象力究竟有多么丰富，所以我们开始了试验。这是一个从6岁儿童开始的试验。我们努力从全局的视角向儿童介绍地理的概念，也就是说我们的讲解不是从地理图形的河流、海湾、海岛等某个局部开始的。

我们向孩子们展示了一张地图，告诉他们这就是地球。

这些孩子不能根据周围环境中的事物展开想象，进而掌握世界的样子，但必须通过大脑的神奇想象力来形成世界的概念。我们给他们展示的地图用深蓝色表示海洋，用金色的点状带表示陆地。尽管地图上面没有写出地名或作出普通的标记，但孩子们却出人意料地说出：

"这是陆地。"
"这是海洋。"
"这是美洲。"
"这是印度。"
……

儿童非常喜爱地图，地图几乎是儿童房间里不可缺少的物品。儿童在3~6岁的时候既能够辨别事物之间的关系，还能借助想象的力量，在头脑中勾画出他们无法直接看到的事物。在儿童心理方面，想象力是很重要的。世界各地的人都经常给儿童讲神话故事，仿佛这样做可以培养他们的想象力。如果我们都认同儿童喜欢想象，那么我们为什么只通过讲神话故事来培养他们的想象力呢？假如儿童可以对某个神话故事展开想象，他们也同样可以想象美洲啊！儿童能够借助观察地图获得更加直观的印象，这种获得印象的方式与他们从谈话中汲取信息的方式是不同的。我们总是忽略想象力这个发现真理的心灵力量。儿童的思想正在不知疲倦地主动运转着，它闪烁着灵感的火花。

把看到的东西进行形象化处理

我还看到了这样一个例子：

几个6岁的儿童站在地图前进行讨论，有个3岁半的孩子挤进来说："这就是世界吗？让我看看！"

别人告诉这个孩子："是的。"

3岁小孩显得很惊讶："现在我懂了。我叔叔以前环游过世界3次呢！"

这体现出这个孩子明白地图只是世界的模型，地球实际上是很大的。他肯定曾经在别人的谈话中听说过这些知识。

> 我们学校的另一个小男孩也要看地图。这个男孩才4岁。在认真观察之后，他没有找到其他孩子都在关注的美国，就插嘴问："纽约在哪儿？"其他孩子很惊讶，但还是给他指出了纽约的位置。
>
> 4岁小孩又问："那荷兰呢？"这让周围的人更不敢相信了。在一片讶异声中，大家为他指明了荷兰的位置。
>
> 然后，小男孩说："我爸爸每年要去美国两次，就在纽约。等他离开家，妈妈就告诉我'爸爸在海上'，一连好几天她都这样说。后来妈妈就说'爸爸到了纽约'，再过几天，妈妈会告诉我'爸爸又在海上'，等到妈妈说'爸爸到了荷兰，我们会在阿姆斯特丹见到他'的时候，让人快乐的日子就要到了。"

这个孩子以前就听过美国好几次，只要听到有人把美国跟地图联系起来，他就会马上停下手里的活动去看，而且表情仿佛在说："我已经看到美国了。"

把看到的东西进行形象化处理，要经历一个艰难的阶段。这跟儿童认识物质世界的过程是一样的。最后，儿童通过联想把真实的事物同词汇联系在一起。

> 儿童具有获取自身技能的动力。周围人的行为都会对儿童产生一种刺激。他们模仿这些行为，然后形成自己的能力。

·3·

充满好奇地提出各种问题

如何回答儿童提出的问题

这一年龄的儿童充满了好奇，经常要求成人为他们解释很多事情。面对他们一个接一个的问题，我们就像被轰炸了一样。而假如我们不厌其烦地一一解答，认为他们的这些行为是求知的表现，儿童就会非常高兴。不过，我们应该记住，儿童不喜欢成人对问题做长篇大论的解答，可成人却偏偏喜欢这样。

曾经有一个孩子问爸爸："为什么叶子是绿色的？"

爸爸觉得这个问题包含着高深的知识，就给孩子讲解起叶绿素和光合作用来。

可孩子却小声说："我只是想知道为什么叶子是绿色的，不想听什么叶绿素、太阳之类的。"

众所周知，这一年龄段儿童的主要特征就是爱玩儿、想象力丰富和经常提问题。孩子们总有很多不懂的东西，有时候他们的问题还很难回答。

孩子们常常会问妈妈这个问题："妈妈，我是从哪里来的？"他们一直想知道这个问题的答案。一个已经有准备的聪明母亲会跟孩子说实话。一个4岁的孩子向妈妈提出这个问题时，他得到的回答是："你是我的孩子，是我生出来的呀！"

这个简洁的回答满足了儿童的渴望。一年以后，妈妈可以对孩子说"我现在正在生另一个孩子"。等到妈妈从产房回到家里把新生儿给孩子看时，可以告诉孩子："这个婴儿跟你一样，也是妈妈生出来的，他是你的弟弟。"

这时，已经6岁的孩子会非常不满地说："你为什么不告诉我，我究竟是怎么来到这个世界上的？我已经长大了，应该知道这件事了。你为什么不说真话？你说你要生一个弟弟的时候，我就开始用心观察你，但是你根本没做什么呀！"

尽管说实话看起来是一件不容易的事，然而老师和父母也应该凭借一定的智慧去满足儿童这种发自想象力的需求。

正是由于这些问题很难根据成人的思维逻辑进行解答，所以老师们需要进行特殊的培训。首先，我们应该抛弃成人对儿童的主观猜测，真正了解儿童是怎样发展的。回答这种问题应该使用一些针对3~6岁孩子的技巧，而这又恰恰是我们所缺乏的。值得庆幸的是，儿童从周围环境中学到的东西比从成人那里获得的要多得多。不过，我们还是应该在了解他们心理的基础上，尽可能地帮助他们。

儿童为什么反复地提问

儿童想知道的事情很多，他们总是乐此不疲。目前，我们在儿童心理学方面还有很多错误的认识。这说明我们根据那些想当然的原则去指导儿童是不行的，因为我们还不是很了解他们。只有儿童自己才能教我们怎样去了解他们。我们需要通过儿童行为的方式去了解儿童。

很多事例都告诉我们，儿童想做一些有趣的事情，他们也很想确切地知道怎么去做这些事情。对于他们来说，准确是非常有吸引力的。他们不断去探寻的原因也在这里。于是我们可以据此推测，儿童对感兴趣的事物存在潜意识的目的。他们有一种本能，可以努力协调自己的活动，并努力去控制它。

我们在观察中发现，一旦有事物引起儿童的兴趣，他们就会反复不停地做这件事。他们如此投入地重复着生活中某些常见的事，让我们感到非常惊讶。比如，他们会专心地磨一件铜器，一直反复地做，直到把它磨得发亮。这反映出一个问题，儿童做这些事情的真正目的是要满足一种潜意识的需要，而他们的表面目的只是一个刺激自己行动的基点。由此，儿童能够在做这种事情的同时获得成长。因为儿童在这种重复的行动中会增强精神系统的调控能力，在自身的肌肉之间建立起一种新的协调性。这种协调性不是天生的，而是在后天活动中获得的。同样地，成人也会不停地进行各种游戏、运动。成人打网球、踢足球的目的不只是要把这些运动项目做得更好，而是这些运动可以让他们学会某些他们还不具备的技能，提高这种技能才是成人运动的真正目的。

对儿童极为关键的时期

儿童的所有活动或许都被我们视为游戏，可这些游戏有助于锻炼儿童，是培养他们不可缺少的技能。

儿童的本能要求他们适应自己所生活的时代，而这也需要依靠儿童内在的不懈努力。儿童的表现让我们觉得仿佛有人在提醒他们“你一定要拥有这种能力，它是你今后需要的”。完成这个任务的最好时期就是童年。因此，我们说儿童的模仿能力是他们完成自身塑造工作的推动力。

儿童具有获取自身技能的动力。周围人的行为都会对儿童产生一种刺激。他们模仿这些行为，然后形成自己的能力。那么儿童还形成了哪些能力呢？以语言为例，它就像纺织者放在织机上的经线一样，经线不是人们想要织出的布，而是织布的基础。这些经线就像富有韵律感的词汇，它们排列的顺序就像一定的语法规则。在一系列生活实践的经验中，这些行为的经线构成了某一民族或种族的基础。

可以说，6岁以前的时间对于儿童来说是极为关键的，因为“布”是在3~6岁这段时期内织成的。儿童在这时候所获得的各种能力将陪伴他们一生。具体来说，他们走路的方式、做事的风格都会形成一定的模式，融入他们的性格，成为稳定的特征。仍从语言的发展来看，3~6岁这个年龄段也是儿童的口音定型期。它的影响非常大，一旦形成就很难改变，就算他们以后成为大学教授，经常使用专业词汇，也很难改变他们的口音。

任何高等教育都不能轻易地去除一个人在婴儿时期形成的东西。由此，我们会发现在这一年龄段，社会教育是极为重要的。假如儿童在3岁之前因为一些障碍而使精神的发展偏离了正轨，那在3~6岁这一时期还能够得到补救。因为这时的儿童还处在大自然对他们进行心理构建的末尾阶段。只要使用科学合理的教育方法，我们就能够拉近不同国家、种族之间的差距，让地球上的人类获得更加和谐的生活。也就是说，就像人类改造自然环境一样，人类创造的文明能够改造人类本身。大自然赋予了人类这种神秘的力量。

当人们的意志得到完全的发展，能够自由选择服从他人命令的时候，情况就完全不同了。这种类型的服从是一种尊重，一种对权威的认可。

·4·

良好的秩序

我们有一整套如何培养孩子的举止和保持优雅的练习，例如见面和分手时的礼仪；拿放东西的时候要轻拿轻放；接受别人递来的东西时怎样保持礼貌等。老师会让孩子们观看那些收拾好的房间、就座时保持安静的班级，甚至某个孩子做的优雅动作等。老师让孩子们观看时，语气还会尽量保持平静。

我们就是用这样的起点，对孩子进行自由式教育。通常情况下，老师不会对孩子的行为做出好坏的评价，而是给他们建议和指导，告诉孩子哪些动作不规范，需要如何改正，正确的做法是什么样的等一些日常生活中的小事情。

意志和服从的关系

关于儿童性格培养的讨论通常会涉及两个方面的问题：意志和服从。由于很多人持有“教育就是扭曲和压制儿童意志”“儿童的意志要被老师的意志代替”“儿童应该无条件地服从”等观点，他们将意志和服从视为两个相互对立的问题。下面，我们就将根据观察得到的实际情况（而非主观臆断），对这两个问题进行说明。

首先,我要说明的是，这个领域中的许多观点极其混乱。

有些理论认为，人类会受到一种强大的宇宙力量的影响。这种力量不是物理上的力量，而是生命在演化过程中产生的一种力量。它可以促使各种形态的生命不断进行演化，是生命运动的原动力。但是生命的演化不是自然或偶然产生的，而是受自然规律的影响产生的。如果人类的生命是这种力量的表现形式，那么人类的行为也必然会受这种力量的影响。在儿童可以按照自己的意志有意识地行动时，自然的力量就开始进入儿童的意识了。儿童意志的产生和发展是以经验的获得为基础的，因此可以说明意志不是与生俱来的，而是在儿童的成长过程中逐渐形成的。因为意志是自然的一部分，所以其发展必须遵循自然规律。

有些理论认为，儿童天生不服从管教和约束，并且有暴力倾向。这种观点的依据是，儿童做事情常常不服从成人的管教和约束，不服从管教和约束就是他们意志的表现。但是，事实并非如此，儿童的这种行为表现并不是他们有目的的行为。这就像一个成人发怒并不是出于自愿的一样，我们也不能说这种发怒行为是一种理智的行为。我们平时说话具有一定的目的，换句话说，我们有一些需要解决的问题，但是如果我们发现自己的言行不符合自己的意愿，就会产生一种控制的愿望。从这个角度理解，成人将自己的意志强加于儿童就显得顺理成章了。

但实际上，意志并不一定会产生混乱和暴力。混乱和暴力只是感情波动、痛苦的一种表现。通常情况下，在意志控制下的行为对人的发展是有益的。大自然赋予了儿童成长的任务，因此儿童的意志会促进自身的成长，帮助他们发展各项潜能。如果一个孩子的意志与他所做的事情相一致，说明这个孩子已经步入了有意识地发展的轨道。儿童本能地选择他们要做的事情，并且不停地重复，说明他们对自己的行为已经有了一定的认识。最开始促使儿童做这件事的动力可能仅仅是某种冲动，但是现在这已经成为儿童在意志支配下的一种有意识的行为。婴儿最开始进行的活动是本能性的，现在他们已经能够在意志的支配下进行活动了，他们的心理也随之得到发展。

儿童自己能够感觉到意志和服从之间的区别，有一个孩子以我们终生难忘的方式对这个问题进行了描述：

> 曾经有一位贵族小姐来我们的学校参观。由于她并不是非常了解我们学校的情况，就对一个小男孩说："这里就是规范你们行为的学校吗？"
>
> 小男孩听后立刻回答："不，女士，这里并没有规范我们的行为，我们喜欢我们做的事情。"

这个孩子的回答说明他已经理解了意志和服从之间的区别。因为当我们决定做某件事情时，这件事情应该是一件能够给予我们快乐的事情。

成人不要妄图取代"上帝"的位置

我们要清醒地认识到一点，有意识的意志需要运用在行为中才能够得到发展。我们应该努力地去开发这种意志而不是去干扰它发展。这种意志要在特定环境中，以持续的行为作基础，缓慢地发展起来，而毁掉意志却是很容易的事情。就像爆炸或地震可以在几秒钟内摧毁一个建筑物一样，我们也可以在瞬息之间毁掉意志。但我们建造一个建筑物却是多么困难的事情，需要掌握平衡学原理，具有独到的美学趣味，了解材料的各种用途……

设计一个没有生命的建筑物尚且需要这么多的知识，可想而知，塑造一个人的心会多么复杂。但是儿童心理的塑造是在我们肉眼看不见的状态下进行的，而它的塑造者不是母亲，也不是老师，当然更不是什么建筑师。母亲和老师只能在儿童心理的创造过程中提供一些帮助，他们也必须把这些辅助性工作当作自己的责任和目标，因为他们可能会在不经意之间把儿童的意志破坏和摧毁。

当前，对这一问题还存在着各种各样的偏见，我们需要进行适当的澄清。

一般教育机构都存在一个非常普遍的错误认识，它们认为任何问题都可以通过说教（对耳朵进行灌输）和榜样（对眼睛进行灌输）来解决。然而，事实上儿童的意志只能通过运用自己能力的方式来发展。儿童通常被看作一个被动的接受者，而不是一个主动的学习者。这种观点在儿童受教育的整个过程中都存在。想象力是人类思维的宝贵财富。在孩子年幼的时候，人们常常通过给他们讲神话故事来锻炼想象力，但是孩子在听这些神话故事时，他们只是听到了一些故事而已，想象力却一点儿也没有得到发展。

这种错误的观点反映在意志的培养上更为严重，因为大多数学校都拒绝为训练孩子的意志力提供机会，很多从事教育的人会直接告诉学生应该做什么、不应该做什么。孩子的任何抗议行为都会被认为具有反叛性质。可以说，教育工作者们在摧残儿童意志方面真是竭尽全力。

与此同时，老师通过树立榜样的原则来教育儿童，自觉地将自己作为榜样让儿童来学习。在这里，想象力和意志力甚至连一席之地也没有，学生们沦落到只能看和听的地步。

我们必须摒弃这些错误的观念，勇敢面对儿童真实的成长。

要想对他人进行教育，我们必须先做好自己

坚持传统教育理念的老师总结出了一句看起来合乎逻辑的话：“要想对他人进行教育，我们必须先做好自己。这样儿童才能模仿我们，服从我们。”服从成了教育的最基本目的。曾经，有一位教育工作者说过这样一句名言：“儿童的众多美德中有一

项最为重要，那就是服从。”

于是，教育工作简单化了，教育工作者也傲慢起来了，他们总是这样说：“我的学生一无所知，我要对他们进行教育，将他们教得同我一样。”于是，就像《圣经》中所说的，“上帝根据自己的形象来造人”，老师也这样开始了他们的工作。

成人在对待孩子的问题时，很自然地把自己放到了“上帝”的位置，但是他们却忘记了《圣经》中的另一句话：“在自负的驱使下，魔鬼妄图取代上帝的位置。”

儿童的心灵正在进行着创造性的工作，这项工作比任何老师和父母所做的工作都要珍贵。当然，这项工作也需要得到成人的理解和支持。过去，老师总是依靠教鞭将自己的意志强加在孩子身上。在我们进入文明社会后，老师们曾经对“不再对孩子使用教鞭是文明的象征”这一观点提出过抗议：“如果我们必须放下鞭子，我们就不能教书。”甚至在《圣经》中，所罗门也曾说过：“父母不使用棍棒是错误的，会使孩子走入地狱！”纪律就是这样在成人的恐吓和孩子的恐惧之中产生的。照此观点，我们可以用这句话进行总结：听话的孩子是好孩子，而不听话的孩子自然就是坏孩子。

由于社会民主和自由的发展，现在以这种方式进行教育的老师被认为是独裁者。民主化学校中的老师在教育教学中需要保有一定的随意性和想象力，而传统学校的老师却死守这个错误观点。独裁者的暴力与老师的暴力确实具有一定的区别，那就是独裁者用暴力进行建设，而老师以暴力进行摧毁。老师要在学生的意志能够接受和服从他人的指导之前将其摧毁。也就是说，我们在教授学生学习知识之前就已经将他的思想毁掉了。

但是，当人们的意志得到完全的发展，能够自由选择服从他人命令的时候，情况就完全不同了。这种类型的服从是一种尊重，一种对权威的认可。如果学生以这样的方式服从老师，老师也可以从学生身上获得心理满足。

这样，意志和服从意识就可以并驾齐驱了。意志是心智发展的前提和基础，服从则是在意志的基础上产生的。“服从”一词在这里有了新的含义。也就是说，它现在已经成为一种个人意志的升华。

本章小结

蒙氏养育观点

4岁的孩子强烈地渴求学习词汇，而且对学习乐此不疲。

儿童学习语言的最佳时间段是3~6岁。

在儿童词汇量发展最快的时期，我们也应该系统地对他们进行词汇的训练。

3~6岁这个年龄段也是儿童的口音定型期。它的影响非常大，一旦形成就很难改变，就算他们以后成为大学教授，经常使用专业词汇，也很难改变他们的口音。

这一年龄段儿童的主要特征就是爱玩儿、想象力丰富和经常提问题。孩子们总有很多不懂的东西，有时候他们的问题还很难回答。

儿童有意识的意志需要运用在行为中才能够得到发展。我们应该努力地去开发这种意志而不是去干扰它发展。这种意志要在特定环境中，以持续的行为作基础，缓慢地发展起来，而毁掉意志却是很容易的事情。

□儿童对自己曾经了解的东西具有一种特别的兴趣。儿童能够很容易地把自己的注意力投注在这些事物上。

□当我们教孩子新词汇的时候，最好把这些词汇跟实物或孩子的户外活动相结合，让新词汇跟孩子的实际经历相呼应。

□儿童非常喜爱地图，地图几乎是儿童房间里不可缺少的物品，儿童能够借助观察地图获得更加直观的印象。

□儿童不喜欢成人对问题做长篇大论的解答，可成人却偏偏喜欢这样。

□儿童从周围环境中学到的东西比从成人那里获得的要多得多。

□一旦有事物引起儿童的兴趣，他们就会反复不停地做这件事。

第2章

培养儿童稳定的注意力

MONTESSORI BRINGING UP
YOUR 4 YEARS OLD
CHILD

在我们的试验中，幼儿注意力的保持并不是由一位老师人为地实现的。其注意力是由某个能引起他们注意的固定的物品来保持的。

·1·

把儿童的意识引向明确的目标

当我们把孩子放在一个有利于他们心理发展的环境中时，我们希望看到：

- 孩子马上就能把注意力集中在某个物品上
- 按照我们事先设定的目的来使用它
- 不停地重复这个行为

我们发现，不同的孩子重复的次数也不相同，有的可能重复

20次，有的可能重复40次，有的甚至可能达到200次。

儿童的这种表现是那些与心理发育关系密切的行为的先导。

儿童会产生这种表现，是由于一种原始的内在冲动在发挥作用，就像人处在精神饥饿的状态中具有一种模糊的意识那样。要释放这种精神饥饿所产生的冲动，就应该把儿童的意识引向明确的目标，使它转化为一种基本而又复杂并可重复进行的智力活动。

比如，一个孩子忙着安放一些立体插板或10个小圆柱，把它们移动到各自的位置上。他连续这样做了30次或40次之后，突然犯了某个错误，或者发现了某个问题，于是他动手把这一问题解决了，这样他以后就会对这项活动越来越感兴趣，还会尝试反复进行这个试验。这个过程其实就可以促使儿童进行复杂的心理活动练习，有助于他们的内部发展。

或许正是因为内在意识的发展，儿童在使用这种物品时常常显得很愉快，还会不断重复地使用它们。就像我们要让一个口渴的人解渴，就不能只让他微微地抿一口水，而必须让他喝个痛快，喝够身体所需的水分一样。同样，要满足儿童的心理饥渴，只是让他们走马观花地这儿瞧瞧那儿看看是不够的，听别人描述物品的使用方法更解决不了问题，我们必须真正满足他们的内在需要，让他们拥有这些物品，并且能充分地使用它们。

集中注意力是进行教育的基础

我们应该把这一切当作心理建构的基础，这也是对儿童进行行为教育的唯一秘诀。我们为儿童创造的环境是他们可以进行自由活动的场所，而且最终目标就是满足儿童的精神活动需求。所以，我们在游戏中为儿童提供立体插板不只是要让他们了解有关物体大小的知识，平面插板的设计也不仅仅是把形状概念的形成作为目标。它们与我们为儿童准备的其他物品一样，目的是要培养儿童的主观能动性。在这类练习中，儿童能够获得他们真正可以理解的知识。并且，在学习这些知识的同时，他们也要学会保持程度相当的注意力。实际上，正是因为儿童获得的感觉知识在范围、形状和颜色等方面是精确的，才使人类的精神活动渗透到各个领域，并有了取得更大成就的可能。

外界刺激是一种真正的精神乳汁

目前，心理学家普遍认为，注意力不稳定是三四岁幼儿的特征。他们会被自己看到的每样东西所吸引，他们的注意力不断地从一个物品转移到另一个物品上。也就是说，这个年龄的幼儿很难把注意力投注在某件物品上。可见，使这些幼儿集中注意力很不容易，这就是儿童教育所面临的困难。

现代心理学家威廉·詹姆士就指出："我们都了解儿童的注意力非常容易改变。这种易变的特点可以从我们给孩子们上的第一堂课的情况中反映出来。他们的表现真是乱七八糟……而注意力的易变性加上被动性……更多地体现在儿童的行为中。他们只是不经意地注意自己看到的每样东西，这是教育工作者必须要克服的第一个困难……儿童从这种多变的注意力状态中自动恢复的能力是他们形成判断力、性格和意志的基础……促使他们改进这种能力的教育才是最好的教育。"

如果一个人仅靠天性行事，他永远也无法集中自己的注意力，只会任凭自己的好奇心使注意力在不同的事物之间不停地转移。

其实，在我们的试验中，幼儿注意力的保持并不是由一位老师人为地实现的。其注意力是由某个能引起他们注意的固定的物品来保持的。在相同的情景中，一个新生儿为了完成吮吸活动而进行一系列复杂而协调的运动，也是源于首要的、无意识的营养需要。他们进行的这些活动并不是有意识、有明确目的地进行追求的结果。事实上，新生儿这时还不可能有明确的目的意识。所以，儿童最开始表现出来的行为源于一种基本的外界刺激。外界刺激是一种真正的精神乳汁。我们能够通过孩子的小脸发现他的注意力表现出惊人的高度集中。

我们发现，一个只有3岁的儿童可以连续50次不断重复同样的活动。这时候，很多人在他旁边四处走动，有人在弹钢琴，一群孩子在齐声唱歌……这么嘈杂的环境也没能分散他高度集中的注意力。同样，如果一个孩子正衔着母亲的乳头吃奶，不管身边发生什么事，他都不会停下来，除非他吃饱了。

只有自然能够创造这样的奇迹。心理行为源于自然，我们必须去探寻大自然的秘密。要理解自然，首先应该对它的初始阶段有一定的了解，因为揭示真理的基础正是那些最简单的东西，而解释更复杂的现象也需要以它为指导。

实际上，很多心理学家就是这样做的，他们为了获取关于生命的知识，就从观察生物的自由活动开始。如果法布尔没有让昆虫在自由的状态下展现它的自然状态，而是在观察它们的时候对昆虫的活动进行了人为的干涉；如果他只是把昆虫抓住，把它们列入研究的视野范围内，他就只能用这些昆虫来做实验，而不能揭示昆虫的生活中所发生的各种奇迹。如果细菌学家没有创造出一种营养和温度等条件接近细菌生长所需的自然环境，使这种细菌以“自由地生存”来表现它的特征；如果他们只是局限在利用显微镜去固定观察一种疾病的细菌，那么用来挽救人们生命和保护一个民族免受传染病侵袭的科学就无法发展。

要用强而有力的感觉来刺激幼儿的注意力

要让各种生命实现真正的自由，基础性的工作就是使用各种方法去观察生物。自由是对儿童进行注意力试验研究的条件。我们必须记住，对幼儿注意力的刺激，在感觉上要强而有力，它应该伴随着感官方面的生理适应性。幼儿的生理发育尚不完全，我们必须遵循自然的规律来发展这种适应性。在这个过程中，如果一个物体不能有效地激发这种适应能力，它就无法让儿童在心理上保持注意力，而且还会导致他们生理上的疲劳，甚至伤害他们的眼睛、耳朵等适应性器官。一旦儿童能够自由地选择物体，同时以高度的注意力去使用它时，他们就能明显地体会到一种快乐、健康的官能活动，并且会感到这种练习还有益于身体的各个器官。

需要注意的是，与这种外部刺激相关的神经中枢也要同时为促进想象形成而做好准备。也就是说，应该在内部做好心理上的适应。具体来说，当外部刺激发挥了作用，大脑神经中枢就按照内部的程序依次产生兴奋。两种力量的作用就好像在开启一扇关着的门：外部的感觉力量在敲门，内部的力量把门打开。假如内部的力量不把门打开，外部的刺激作用再强也是没有意义的。一个心不在焉的人可能会不小心跌入深谷，而一个专注工作的人却能做到不受街上乐队的影响，对他们的演奏充耳不闻。

注意力是心理学最感兴趣的问题，它在教育方面也表现出了最实用的价值。老师的工作艺术所在就是把握儿童的注意力，让他们对教学活动充满期待。当孩子“敲门”的时候，老师要为孩子提供“开门”的内部力量。但是，如果老师对这一工作完全陌生或很难理解，就无法引起孩子的兴趣。教学其实是一门逐步引导学生从已知到未知、从简单到复杂的艺术。我们要引导他们走过新奇的“未知”领域的大门，迈入其中进行学习，并将注意力引向我们期望的状态。

通过外部力量来为儿童提供适应其心理需要的营养物质，以及用尽量完美的方式尊重他们自由发展的态度，是创造新的教学法的基础。

·2·

专注力是内部力量作用的结果

儿童注意力不易集中的现象好像在告诉我们，心灵敏捷的人将会受到自然法则的束缚。

威廉·詹姆士认为，“精神的力量”是“生命的神秘因素”之一。但丁[1]也说过：“……人类不知道自己的最高智慧从哪里来，也不知道自己对物质的最高欲望从哪里产生，他们只会像蜜蜂一样，凭自己的本能去酿蜜……”人们对外在事物的特殊态度构成了其天性的一部分，而且决定了他们的性格特征。吸引我们注意力的不是那些无关紧要的东西，而是我们感兴趣的东西。

1　但丁，意大利诗人，现代意大利语奠基者，著有《神曲》。

激发孩子的内部活力

只有那些能激发我们内部活力的东西才能引起我们的兴趣。我们的内部世界对外部世界所提供的信息会作出一定的选择，从而让它们跟我们的内部要求相一致。比如，在这个世界上，画家能发现最美丽的色彩，音乐家最容易被声音所吸引。虽然人们生活在同样的环境里，但个性特征、内在表现、人与人之间的差异，在有些人那里还是表现得比较明显的，但他们只会从环境中找到自己需要的东西。那些构成我们外部世界的“经验”在人与人之间并不会造成混乱，而且还受个体能力的控制。

没有一位老师能够用任何技能使一个孩子对某个物品表现出专注的神情。显然，专注力是内部力量作用的结果。历史记载的天才让我们发现，虽然他们性情不同，但都拥有超常的注意力。

阿基米德[1]非常专注，传闻叙拉古城被敌人攻下都未能使他分心，他在伏案研究几何图形时被杀。

牛顿[2]沉浸于研究中时，竟会忘记吃饭。

意大利诗人阿尔费尔瑞在创作一首诗时，居然对经过他窗前

1　阿基米德，古希腊哲学家、数学家、物理学家。

2　牛顿，英国物理学家、数学家、哲学家，提出了著名的万有引力定律。

的结婚队伍的喧闹声充耳不闻。

然而，天才人物在注意力方面所具有的这些特征，是不能被一个“对此感兴趣的”老师唤起的，不管这位老师的教学艺术多么巧妙、多么高超。

关注儿童内心的精神力量

“通过儿童内心的精神力量作用就能够打开儿童的注意力之门”，如果说这种观点是正确的，由此引发的问题就不是简单的教学艺术问题，而是自由对儿童心灵构建的作用的问题。用逻辑学的观点来看，通过外部力量来为儿童提供适应其心理需要的营养物质，以及用尽量完美的方式尊重他们自由发展的态度，是创造新的教学法的基础。

我们应依据实验所得出的结论，科学地为儿童提供构建心灵所需要的东西。我们可以看到很多复杂生命现象的发展。在这个过程中，理性、意志和性格会一同发展起来。这就像营养均衡的儿童，他们的大脑、胃和肌肉将同时成长发育一样。

在人的内心深处不仅有一种渴望增长知识的动力，还会形成一种秩序，这种秩序又在不断吸收新信息的过程中得以维持。

·3·

如何培养孩子的注意力

首先，我们会发现孩子展示出一定的认知能力。它为智力的发展提供了第一个胚芽，可以补充本能的兴趣。当这种情况产生时，认知就开始为儿童建立一种类似注意力的心理机制。这样就又发生了从已知到未知、从简单到复杂、从容易到困难的演变，不过这是具有某种特征的。

从已知到未知的演变并不像有些老师所设想的那样——从一个物体转移到另一个物体。它是在儿童内心建立起来的一种复杂的观念体系，是儿童在一系列心理过程中靠自身力量积极构建起来的。它代表了一种内在的心理发育过程。

提供适当的训练材料

为了完成上述变化，我们应该为儿童提供大量系统的、复杂的、符合本能的材料。比如，我们可以向儿童提供一系列物品，来引发他们关注颜色、形状、声音、触觉和气压的本能。儿童会用他们特有的方式，同各种物品持续发生互动，来构建自己的心理个性，并获得对事物的清晰、有序的认知。

完成了这一步，这些通过形状、尺寸、颜色、光滑度、重量和硬度等特征呈现的物体，就跟儿童的心理建立了联系。某些东西开始出现在儿童的意识中。儿童时刻期待着它们，并快乐地接受它们。

当儿童在这种原始冲动的基础上又认识和注意到外部事物后，他们就跟这个世界上的某些东西建立了一种联系，他们的兴趣也更广泛了。换句话说，他们不再局限于跟原始本能相关的原始兴趣，他们的新兴趣建立在已获得的知识基础上。这也是儿童洞察力的基础。

传统的教育学认为，要让儿童将注意力集中到未知的事物上，就应该使已知和未知建立起一种联系，因为儿童能够在获取新知识的过程中扩展自己的兴趣。而我们在实验中观察到，这种观点只抓到了这种复杂现象的一些细枝末节。其实，已有的知识会使兴趣转向更复杂和意义更加崇高的事物上，而且还会促使文化不断地演变、延续。同时，这一过程本身就会让儿童在头脑中建立起秩序。

提醒材料之间的关联

老师在讲课时简洁地说：“××是长的。”“××是短的。”“××是红的。”“××是黄的。”……他们就这样固定地用一个个简单的字清晰地表明了感觉的顺序，同时还对它们进行了分类、编目。在孩子的头脑中，每一个映象同另一个映象被完全区别开来，它们都有自己的明确位置，而这种映象还能够通过一个字回忆起来。这样，新的知识既不会被随意抛在一边，也不会跟旧的知识混淆在一起，而是会被安排存放在合适的地方，还会跟原有的同类知识归到一起，如同图书馆里的图书一般，井然有序地陈列着。

于是，在人的内心深处不仅有一种渴望增长知识的动力，还会形成一种秩序，这种秩序又在不断吸收新信息的过程中得以维持。所以，内部的协调性就如同生理上的适应能力一样，本身就是以自发活动为基础建立起来的。人的内部条件决定了其个性的自由发展、个体的成长与组织建构。

老师可以控制这些现象，但他们在这样做的时候，需要非常小心谨慎，要避免将儿童的注意力引向他们自己。因为儿童的全神贯注对自身的未来有决定性作用。老师的教学艺术在于理解孩子的行为，而不要对自然的表现进行干预。

儿童处于发育中的心灵也同样需要拥有一处温暖的“巢”。只有那里才能保证他的营养，为他今后的发展打下基础。

·4·

更高阶段注意力的培养

对于大一点儿的孩子，我们应该首先关注那些作为生命基础的本性与作为生活基础的刺激之间相互对应的基本事实。不管它们怎样变化，我们始终要把它们作为教育的基础。

关注生命本能和对应的刺激

我的观点遭到了一些专家的反对，他们认为，儿童一定要养成注意所有东西的习惯，甚至要去注意一些他们不喜欢的东西。

这是现实生活对儿童提出的要求，他们必须为此进行努力。

这种论点的建立带有一定的偏见，它就像一个家庭里的严父提出的“孩子们应该习惯吃所有的东西”之类的命令。在这里，道德教育被置于一边，实在令人觉得可悲。幸好这种命令式的教育已经过时了。如果它还一直流行的话，做父亲的就会因为孩子在午饭时不吃自己不喜欢的菜而惩罚孩子禁食一整天，或除了那道被拒绝的菜之外，他不准孩子吃其他任何东西，就算这道菜已变凉甚至令孩子恶心也必须让孩子吃下去。最后，饥饿会削弱这个孩子的意志，打破他的幻想，他只得把那盘变凉的食物吞下肚子。而当父亲的还会理直气壮地称自己能在任何情况下安排好孩子的生活，孩子能吃下为他提供的任何东西，他既不贪吃，也不任性。与此同时，有些家长为了改正孩子贪吃的毛病，会采取十分粗暴的方法：将还没有吃晚饭的孩子送上床睡觉。

直至现在，那些坚持认为儿童对不感兴趣的东西也要关注的人就是采取了相似的方法。可是，这类不易消化的“食物”只会危害孩子的身体，让他们越来越虚弱。

被这样要求的孩子无法拥有坚强的意志去克服生活中的困难和面对可能发生的种种问题。那些在吞下冷汤或不易消化的食物后就马上上床的孩子，身体无法得到良好的发育。当他们遇上传染病，就很容易因为抵抗力弱而被传染。另外，从道德培养的角度来看，这些做法也不利于他们的成长。由于这些孩子在童年时期有很多没有得到满足的欲望，他们的内心就会把这些欲望的满足当作最大的自由和快乐，等到成年后，就会在吃喝上没有节制。

而有一些孩子，他们获得了合理的喂养，拥有了健康的身体，也成为有节制的人。他们追求一种健康的生活和饮食，反对酗酒，不会无节制地吃东西，因为他们知道这些做法对身体都是有害的。一个这样的现代人能够：

- 从很多方面抵抗传染病的侵袭，会在没受到任何强迫的情况下努力采取各种防护措施；
- 有勇气尝试和体验各种艰苦、高负荷的运动；
- 努力去完成一些伟大的事业；
- 勇敢地面对冷酷的道德冲突，并能使自己的精神得到净化。
- 成为一个意志坚强、精神执着、决策果断的人。

一个人的内在生活发展得越正常，他就越能成为有个性的人，也就越能培养出顽强的意志和健全的心智。一个要在人生道路上奋斗的人，他不必从出生的那一天起就开始准备，但是他必须是一个坚强的人。他身上所具有的强大力量是在一天天的储备中得来的，没有哪个英雄在做出宏伟业绩前就是英雄了。我们无法预见未来生活的艰苦程度，也不会有人告诉我们面对的方法，一个人只有充满蓬勃的朝气才能应对一切事情。

正常发育是集中精力的保障

对于一个处在进化过程中的生物，保证它的正常发育就是生物学家能够做的事情。同样地，胎儿需要母亲的血液来滋养，新生儿需要母乳来抚育。当胎儿生活在子宫内时，一旦血液中缺乏蛋白质和氧气，或者机体被有毒物质侵入，这个生命就很有可能无法进行正常发育。如果婴儿没有足够的奶，他们在生命的最初阶段就处于营养不良的状态，这如同宣告了他们将永远处于劣势。躺着吃奶、充足的睡眠，这些都是在为“行走”做准备。在吃奶的过程中，婴儿开始长出牙齿。鸟巢里的小鸟不是刚学会飞行就马上进行飞行方式训练的，而是要有一段待在温暖、有食物的小窝里的准备时期，接着再奔向天空。这是小鸟间接地在为生活做准备。

鸟儿的飞翔本领、野兽的凶猛本性、夜莺的动人歌声、蝴蝶翅膀上的美丽花纹，这些令人惊叹的自然景象，如果不是因为有了在秘密的巢穴中或寂寞的茧里所做的准备，是绝对无法呈现的。自然界的万物在形成的过程中都要求有一个宁静的环境，其他任何东西都不能替代它的作用和意义。

儿童处于发育中的心灵也同样需要拥有一处温暖的“巢”。只有那里才能保证他的营养，为他今后的发展打下基础。所以，我们非常有必要为儿童提供跟他们心灵发育倾向相一致的东西，这样做的目的就在于，用最小的代价展现最大的力量，使人的潜能得到充分发展——这也是教育的目的。

本章小结

蒙氏养育观点

我们为儿童创造的环境是他们可以进行自由活动的场所，为儿童准备某个物品的目的是要培养他们的主观能动性。为儿童创造环境的最终目标就是满足他们的精神活动需求。

要满足儿童的心理饥渴，只是让他们走马观花地这儿瞧瞧那儿看看是不够的，听别人描述物品的使用方法更解决不了问题，我们必须真正满足他们的内在需要，让他们拥有这些物品，并且能充分地使用它们。

我们可以向儿童提供一系列物品，来引发他们关注颜色、形状、声音、触觉和气压的本能。儿童会用他们特有的方式，同各种物品持续发生互动，来构建自己的心理个性，并获得对事物的清晰、有序的认知。

通过外部力量来为儿童提供适应其心理需要的营养物质，以及用尽量完美的方式尊重他们自由发展的态度，是创造新的教学法的基础。

外部的感觉力量在敲门，内部的力量把门打开。假如内部的力量不把门打开，外部的刺激作用再强也是没有意义的。

我们非常有必要为儿童提供跟他们心灵发育倾向相一致的东西，这样做的目的就在于，用最小的代价展现最大的力量，使人的潜能得到充分发展——这也是教育的目的。

蒙氏养育指导

□ 要满足儿童的心理饥渴，必须真正让他们拥有这些物品，并且能充分地使用它们。

□ 幼儿注意力是由某个能引起他们注意的固定的物品来保持的。

□ 自由是对儿童进行注意力试验研究的条件。

□ 已有的知识会使兴趣转向更复杂和意义更加崇高的事物上，而且还会促使文化不断地演变、延续。同时，这一过程本身就会让儿童在头脑中建立起秩序。

□ 只有那些能激发我们内在活力的东西才能引起我们的兴趣。

□ 老师在讲课时应简洁、固定地用一个个简单的字清晰地表明感觉的顺序，同时还应对它们进行了分类、编目。

第3章

开始学习书写

MONTESSORI BRINGING UP
YOUR 4 YEARS OLD
CHILD

孩子早期的书面语言是从口语中提炼出来的，这一过程就像滴水终将汇成大河一样，随意发出的音节最后也会汇成词语和句子的“大河”。

·1·

4岁的孩子对书写有浓厚兴趣

教育给孩子提供了一个成长环境，同一环境中孩子呈现的个性差异几乎可以说是因孩子的自然天性所致。教育环境提供了孩子成长所需要的手段和措施，使他们的基础基本相同。孩子在各种手工劳作的练习中协调了自己的肢体，获得了主动适应环境的能力，并且有了一定的独立性，成为一个能自理的“小大人”。

在生活中，孩子们尽量不打碎易碎物品，移动重物时尽量不发出噪声。这些小心谨慎的行为让孩子们的动作变得灵敏且优雅，而正是责任感使得孩子们如此优秀。例如，当孩子们手里捧着几个大玻璃杯或者一大碗汤时，他们知道不仅要对自己手上的物品负责，还有责任把正在准备的那顿饭做好。孩子们明白，保持安静是自己的责任之一，因此总是尽力避免发出任何噪声。在这一控制过程中，孩子们知道如何合作才能尽可能减少噪声，并保持周围环境的井然有序。事实上，孩子们已经开始了自我控制，并在生活和练习过程中不断加强。

此外，操作使用各种教具，也需要孩子手和脑的共同配合，这是手在为以后的工作做准备。4岁左右的孩子基本上能完成应用简单教具的训练，这时他们已经做好了向一个新境界前进的准备。当孩子做好了准备，他们就会非常急迫地想要学习新本领——用自己的双手进行书写。

一天，有两三位妈妈找到我，请我教她们的孩子认字和写字。这些妈妈没有受过教育，她们代表自己和其他家长向我提出了这个要求。当时，我是反对这样做的，因为她们的要求超出了我原来的计划，但是在她们的一再恳求下，我还是答应了她们。

在教孩子时确实出现了一些奇迹：

我只教给这些四五岁的孩子一些字母。我让老师用硬纸卡做出这些字母，有些字母甚至还是用砂纸做出来的。这样孩子就能把手指放在字母上面，顺着字形写，并感受这些字母的形状。我把字母都放在一个平板上，并把形状相似的字母归到了一处，这样孩子们的小手就能进行类似描摹的动作了。这位老师对这种安排十分满意，这样她就无须再帮孩子做其他事了。

我不明白这些孩子为什么会这么激动。他们像举旗子一样把这些字母高高举起，列队绕圈行走，还欢快地高喊着。

有一天，我惊讶地看到一个小男孩边走边自己重复：“要拼写sofia这个词语，要有一个s，一个o，一个f，一个i，还有一个a。”他不断重复着这些字母，并拼出了这个词。

其实，这个孩子正在头脑里对“sofia”这个词进行着分析和研究，并寻找着组成这个词的音节。有所发现的渴望激起了他的浓厚兴趣，他终于认识到，每一个音节都对应着一个字母。

事实也正是如此，音节和字母之间确实是一一对应的。语音是念出来的，与之相对应的书写不过是把语音转变为可视的符号罢了。书面语言和口头语言的平行发展标志着孩子书写能力的进步。孩子早期的书面语言是从口语中提炼出来的，这一过程就像滴水终将汇成大河一样，随意发出的音节最后也会汇成词语和句子的“大河”。

书写是精确表达语言的交流方式

书写对书面表达能力和口头表达能力的发展至关重要。书写能使手掌握一种和说话同样重要的技能，并且会成为第二种能够精确表达语言的交流方式。

书写是文字发展的必然结果。但是，要想做到正确的书写，手就必须具有描摹这些符号的能力。一般来说，这些字母符号是很容易描摹的，因为它们只是代表了一些特定的音节。但是在孩子们自学书写之前，我却没有意识到这些。

这是在我们的第一所学校里发生的最伟大的事情之一：

> 第一个学会书写的孩子是那么惊奇，他高声喊着："我学会写字了！我学会写字了！"其他的孩子都兴奋地围了上去，想看一看他用粉笔在地板上写出的字。然后，这些孩子开始喊"我也会，我也会"，就跑去找书写的地方。一些孩子围在黑板边，其他的孩子则趴在地板上。他们马上开始写字了。

孩子们的书写热情就像急流一样无法阻挡。他们不放过任何一处能写字的地方，门上、墙壁上，甚至是面包上，都留下了他们的笔迹。这些孩子只有4岁左右，他们的书写才能是我们完全没能料想到的。一位老师指着一个孩子告诉我："这个小男孩在昨天下午3点钟就开始学写字了。"我们完全惊呆了，仿佛正在目睹着一个奇迹。

我们以前曾收到过一些有精美插图的赠书，可是当这些孩子学会写字后，我们将书发给他们，他们却只是冷淡地把书接过去。

这些书里虽然有精致美丽的图片，但是这些图片的存在只会使他们分心，使他们不能够全神贯注地进行这项新活动。因为在现在这个阶段，孩子们是想写字而不是想看图片的。

也许是因为这些孩子以前从未看过书，所以很久以来，我们都一直希望能够唤起他们对书籍的兴趣，而他们却根本不明白什么是阅读。因此，我们只好把图书先放在一边，等待一个更好的时机。孩子不喜欢阅读别人写的东西，很可能是由于他们还不认得书中的字。当我大声地念出他们所写的字时，很多孩子都惊讶地转过脸来看着我，他们的神情似乎在问我："你怎么知道我写的是什么？"

学会书写能大大提高阅读能力

仅仅过了6个月，这些孩子就开始理解阅读的含义了。他们之所以能取得如此大的进步，最主要的原因是他们将阅读和写字结合了起来。

当我在一张白纸上描摹单词的时候，他们观察着我的手，并逐步认识到我就像在说话一样表达着自己的思想。他们刚刚认识到这一点，就开始拿起我写过字的纸，到角落里去尝试着阅读了。他们只是默读着这些字，并不发出声音。如果哪个孩子已经理解了我写的字，他那张因为努力思考而紧绷着的小脸就会舒展开来，露出笑容，并且还会高兴得蹦起来，就像藏在他体内的紧压着的弹簧突然被松开了一样。我所写的每一个句子都包含着一个我曾用过的口语命令："打开窗户。""到我前面来。"……这就是孩子们阅读的开始。后来，他们发展到能够阅读包含复杂命令的长句子。但这些孩子似乎只把书写理解为表达自己思想的另一种方式，就像说话一样，只不过是另一种能直接地在人与人之间进行交流的说话形式而已。

这段时期，当参观者到我们的学校来时，以前喋喋不休致欢迎辞的孩子，现在会突然保持安静。他们会站起来，走到黑板前写"请坐""谢谢你们的来访"等。

有一天，我们正在谈论西西里岛发生的重大灾难。在那里，地震彻底地摧毁了墨西哥城，导致了数千人死亡。这时，一个大约5岁的孩子站了起来，走到黑板前写道："我觉得很遗憾……"我们注视着他，希望看到他对所发生的事表达悲哀之情。而他却继续写道："我为我只是一个孩子而感到遗憾。"这实在是一个奇怪的评论。接着，这个小家伙又写道："如果我是一个大人，我就会去帮助他们。"这个孩子已经写出了一篇小文章，并向我们展露了他内心的善良。要知道，他的妈妈只是一个靠在街头卖草药养家糊口的小商贩。

还有一件更令我感到惊讶的事情：

有一天，我们正在准备罗马字母的教学材料，想帮助孩子们在阅读上取得更大的进步。这些孩子已经开始阅读所有能在学校里找到的印刷体字母了。但有一些文字他们很难辨认，比如日历上的文字，因为组成这些文字的字母是用哥特体印刷的。

与此同时，这些孩子的父母对我说："跟孩子们一起走路实在很费劲，因为他们喜欢在街上停下来读商店招牌上的文字。"很显然，引起孩子兴趣的是字母而不是文字。他们看到了另一种不同的书写形式，并通过所理解的文字含义尝试并学会阅读它，这是一种直觉过程，就像成人能够辨认刻在岩石上的文字一样。他们在这些符号中所发现的含义，证明他们已经能辨认这些文字了。

如果我们匆忙地给孩子们讲解这些印刷体字母，有可能扼杀他们的兴趣和观察的热情。过早地强迫他们通过阅读图书来识字，会对他们产生某种消极的影响。追求这些无关紧要的东西，只会压抑孩子鲜活而丰富的心灵。因此，那些图书在很长一段时间里都静静地待在柜子里。直到后来，孩子们才开始以一种有趣的方式接触图书：

> 有一天，一个孩子激动地走进教室，手里拿着一张揉皱了的纸。他悄悄地对一个伙伴说："你猜这张纸上有什么？"
>
> "什么也没有，只不过是一张烂纸。"
>
> "不，在这张纸上有一个故事。"
>
> "这张纸上有一个故事？"
>
> 这番对话吸引过来很多好奇的小伙伴。这个孩子从废纸堆里捡来了一页散落的书页，他开始朗读起这个故事来。

于是，孩子们理解了书的意义。图书成为他们迫切想要的东西。然而，在这个时期，每当孩子们发现书中的某些内容很有趣时，他们就会把这一页撕下来带走。可怜的图书啊！当孩子们发现了书的价值，这些书却遭到了破坏。学校往日的平静和秩序被打乱了，我们必须阻止这些由于热爱阅读而变得极具破坏性的小手。这也说明，这些孩子虽然还没有学会阅读图书和尊重图书，但通过我们的帮助，他们已经学会了正确的拼写，在这些方面他们甚至可以跟一些文法学校的三年级学生相媲美。

如果将书写还原成对一些小直线和小曲线的分析，那么呈现给孩子的符号就体现不出任何重要性，也就无法引起自发的运动神经冲动，无法激起孩子们的兴趣。

·2·

正确认识书面语言

书面语言的特征

书面语言包括听写和阅读，同时也包含着口头语言的全部机制（中枢通道、听觉通道、运动神经通道）。正因如此，书面语言的特征可以从以下三点来考虑：

第一，在习得书面语言的过程中，我们可以将其看作一种建立在神经系统内的新机制的总和。同时，书面语言还是一种实现社会目的的工具。就像口头语言既是人的一种自然能力，又是一种用来达到社会目的的工具一样。

第二，从书面语言和口头语言的关系来看，在这种关系中，永远存在着这样一种可能性，即人能够利用书面语言来完善口头语言。它正是“儿童之家”的教学所坚持的，同时也给予了书面语言一种生理学意义上的重要性。

第三，掌握具有重要社会意义的语言。一般而言，文化会将具有重要社会意义的语言赋予书面语言进行表达、传递、保存。

避免错误的书写教育方法

孩子在刚开始学习书面语言时充满了困难，我们还在使用一种非理性的方法进行教授。

孩子一旦获得了这种能力，就立刻尝试着要发挥书面语言的某些高级功能。却忽略了这样一个事实：这种书面语言是经过几个世纪文明的完善才固定下来的。

想一想人们曾经使用的错误的幼儿语言教育法，是多么没有道理。

运用错误幼儿语言教育法的人没有搞清楚一件事：人们分析

各种符号，对于书写字母而言，不是必要的生理动作，也没有考虑到一个事实：任何符号都是难以掌握的。

再说，符号的视觉呈现与书写符号的运动神经机制没有必然联系，但一个单词的听觉呈现与口头语言的运动神经机制是相关的。

因此，符号的视觉呈现想要唤起一种应激性的运动神经活动，就会非常困难。除非在符号的视觉呈现之前，已经建立了视觉呈现与书写符号的运动神经机制之间的联系。

同样，想要产生一个动作是非常困难的，除非此前已经通过练习和习惯性力量建立起了这种联系。

我们来看在写字方面错误引导孩子的弊端：如果将书写还原成对一些小直线和小曲线的分析，那么呈现给孩子的符号就体现不出任何重要性，也就无法引起自发的运动神经冲动，更无法激起孩子们的兴趣。

用这样的方式错误地教导孩子写字，仅仅是人为迫使孩子做出努力，容易使儿童很快就变得筋疲力尽，表现出烦躁和痛苦。

因此，当孩子被催促着要努力时，老师实际上是在压抑而不是唤醒儿童的心智力量。

伴随这种错误性的努力教学与孩子努力学习的后果是孩子会产生各种压抑感，并且会导致孩子学习中错误符号的出现，进而产生更多错误的连锁反应，使老师不得不去纠正，这样会让孩子更加泄气，致使大脑积累错误经验，以后还会犯更多这样的错误。

书写对孩子影响深远

我们向还处于简单感知和好动年龄阶段的孩子教授这样一种书面语言，这一行为本身就在犯一个严重的生理学和教育学错误。要消除这种偏见，需要仔细考虑一下书面语言本身，重构它的心理—生理学机制。还需要知道的是，书面语言的机制要比口语的简单得多，对于教育来说更容易实现。

其实，书写非常简单，看看实际效果就会感到令人吃惊。

我们考虑让孩子进行听写，就有了一个口头语言和书写之间的完美平行，因为运动神经行为一定要与听觉相对应，不存在一种听觉和口语之间的神秘连接。

实际上，孩子书写的动作，要比说话的动作简单得多，原因在于：

书写动作由孩子的外部大肌肉来执行，可直接活动这些大块肌肉，使这种运动通道更加熟练，建立起一种心理—孩子学习的肌肉机制。

这正是“儿童之家”进行幼儿教育所用的方法。

这些日常却宝贵的活动为书写动作做了直接准备，因此对于书写心理—运动冲动就能够找到已经建立起来的通道，并爆炸性地通过幼儿的书写动作表现出来。

真正的困难在于给幼儿解释符号，要记住孩子处在感知年龄阶段。在这一阶段，感觉、记忆和原始联系都准确包含在自然发展过程中。

再有，孩子已经通过各种感觉练习，为构建和感知图形符号做好了准备。

在幼儿语言发展过程中，感知概念可提供语言的材料。比如，能认识并叫出三角形的儿童，同样能认出字母“s”并发出读音，这非常明显。

经验告诉人们，实际上孩子们可以不用费什么力气，就能取得进步——对认识代表物体的图形符号表现出明显的快乐。在“儿童之家”，这一点被证明了无数次。

在儿童期语言发展阶段，对孩子的语言发展给予充分的关注，以避免缺陷，是很有必要的。

·3·

要分析孩子的语言

3～4岁的孩子早已开始说话，但他会发觉自己正处于完善口头语言机制的时期，3岁左右的幼儿正处于从感知觉的残余中获取语言内容的时期。

存在这样一种可能：孩子无法完全听清自己所说单词的所有组成部分。如果幼儿真是这样的话，那他的发音就很有可能出现大问题，会导致自己的听觉感知能力出现错误。

老师要知道：一旦强化了错误的机制，那么语言的缺陷就将再也无法改变。

在最容易建立运动神经适应的时期逝去之前，通过练习口头语言的运动神经通道，孩子应当建立起一种准确且对于完善口语十分必要的运动机制。

出于这一目的，对孩子语言的分析就很有必要：

- 希望完善孩子的语言时，让孩子首先进行作文，然后进行语法研究；
- 希望完善孩子的语言形式时，首先按照语法规则教授写作，然后对形式进行分析；
- 希望完善孩子的话语时，首先必要的一点是话语必须存在，然后进行适当分析。

由此看来，在幼儿话语发展——固定孩子的言语机制——完成前，当孩子说话时，就必须抱着完善语言的态度对它进行分析，要多用心。

幼儿语言学习必须具体化

对幼儿进行语言教学，语言必须具体化。

在幼儿开始建立的语言世界里，书写语言或通过图形符号呈现的语言是必需的。

在幼儿书写教学方法的第三阶段——言语的构成上包含着对词的分析，不但要将单词分解成符号，也要对每一个构成发音进行分析，这种符号代表着单词的翻译。

我们要确保孩子不但听到整个单词，知道含义，还要将单词分为发音和音节。

通过保持引起幼儿言语的图形符号的视觉刺激，并保持老师发出相应声音的听觉刺激，使孩子的言语得到完善。

这种言语，通过将幼儿的内在条件与听到的话语相连接的方式获得进步，即在视觉刺激引起的幼儿发声过程中，在幼儿语言器官相对应的重复运动、练习中，听觉刺激对于完善幼儿口语发音起到了促进作用。

后来，孩子在进行听写时：

一是把幼儿言语的发音转化成符号；

二是将听到的言语按发声进行分析，通过相应的肌肉感觉建立起来的通道，将孩子的言语转化成运动过程。

儿童学习语言面临的问题

儿童语言中的缺陷事实——幼儿口头语言发声器官的肌肉没有很好地起作用，结果导致无法重现发音。

对于幼儿口头语言而言，必要的肌肉运动是一点一点建立起来的。一旦无法一步一步建立起必要的肌肉运动，就会出现幼儿语言发音不好或缺词。

所有上面这些缺陷，统称为“口齿不清”，这主要因孩子还不能很好地运用自己的舌头。

“口齿不清”主要包括：词根、音节、音标、字词的发音不准，喉音和唇音的缺陷，也包括单词发第一个音的压抑。

有关元音和辅音的发音缺陷，因孩子没有能够很好地重现发音，或者是他们在听的时候做得不好。

第一种情况的错误：因一种外围运动器官的功能性不足，由此导致神经通道出现问题，原因在于个人。

第二种情况的错误：由听觉刺激引起，原因在外部。

这些缺陷经常会持续很久，在孩子成长过程中会逐渐减弱，最终会导致语言的错误，这种错误将在语言表达中体现出来，如我们的方言错误。

以正常人的思维方式来说，即便考虑到人类语言的多样魅力，也一定会承认那些没有掌握正确口语的人有不足。

如果没有专门去完善幼儿最初的口头语言，那么一种美学概念上的教育就无法实现。

人文主义关心的只是环境的美感和艺术作品的复兴，而不是人的完善。尽管古希腊人传授给了罗马人教授语言的艺术，但这种实践没有被人文主义者所重新采用。

仅仅通过教学方法，开始纠正孩子许多语言上的严重不足，比如口吃一类的毛病。但语言体操这一概念，却还没有作为一种普遍的方法，作为完善人类的巨大工程中的一项细节，在学校中推广。

一些聋哑人学校和纠正发音的热心人士，试图将正音课程引入小学校，并且已经小有成效。

上述语言的缺陷在学生中广泛分布。

纠正性的语言练习

一些纠正性练习包括：

- 让发声器官进行休息，耐心重复单个的元音和辅音发音。
- 呼吸体操。

这里不会详细介绍这些练习的方法和细节，因为它们都需要长时间的耐心，这与学校的教学不相容。

但在“儿童之家”中，可以看到所有纠正语言的练习。

安静练习

目的和作用：

这种练习让幼儿、孩子语言的神经通道做好接受新刺激的准备。

课程安排：

第一步：由老师清楚地读出几个单词（特别是那些有具体概念的名词）的发音。通过这种方式，清晰而完善的幼儿语言听觉刺激就开始了。

第二步：老师不断重复刺激，孩子慢慢开始感觉到这个单词所代表的物体概念（认识物体）。

第三步：在语言刺激下，孩子必须一个人大声重复，单独发出单词中的每个发音。

书面语言练习

这个练习会对孩子的语言发声进行分析，并用几种方式单独重复这些发声。

当孩子学了字母表中的每一个字母时，当他组合或书写单词时，就应当重复这些发声。

体操练习

体操练习包括呼吸练习和发声练习。

相信在未来的学校里面，纠正语言缺陷这一概念将会消失，并且会被一种更理性的方法代替。在“儿童之家”，对于那些处在儿童期语言发展阶段，对孩子的语言发展给予充分的关注，以避免缺陷，是很有必要的。

孩子可以根据在教具练习中获得的体验来观察身边的环境，并将观察到的内容按照一定的类别有序地印在自己的大脑中。

·4·

正确使用教具来帮助孩子书写

教学用具无法给孩子提供什么精神的内容，却能为孩子提供精神内容的组织秩序。通过练习使用各种教具，孩子拥有了辨别的能力，哪怕是细微的差别孩子也识别得出。孩子在这一过程中，能够在质量和数量的概念下根据颜色、形状、声音和维度等多种不同的变化将物品进行分类。孩子的意识正是在对物体的观察、比较、分析和评价中形成的。

教具能帮助孩子为书写做好准备

孩子可以根据在教具练习中获得的体验来观察身边的环境，

并将观察到的内容按照一定的类别有序地印在自己的大脑中。孩子对这一过程兴趣盎然，会很乐意对所接触的事物进行分类，并最终在大脑中形成大量且有序的精神内容。之后，孩子就能运用准确的词语来确定大脑印象中物体的概念，这些概念不是指单个物体，而是一种次序、一种分类。

这些孩子能够在很短的时间内，有的孩子甚至在几天内就学会写字和初步的运算。很多人都不相信孩子天生具备这些能力。当然，我们并没有把学习书写的教具在孩子还没有准备好的情况下直接“扔”给他们，然后就坐在那里等待孩子创造奇迹。事实上，孩子的意识和手部能力已经做好了书写的准备，也做好了运算的准备——关于数量、差别和等级等概念在孩子头脑中的成熟。

我们已经发现，词语有明确概念和促进人们对事物的基础理解的作用。而写字和算术可以使内在意识的复杂收获更明确，且随着观察的不断进行，这些收获也将不断增多。

有人认为，早教最基本的是培养孩子学习能力的第一步，即为学习写、读和计数做好准备。做好了准备，知识就自然而然地能被孩子所接受，也就是说，知识是准备的自然产物。

孩子的小手已经为书写进行了长期的准备。我为他们准备的很多练习，都需要孩子的手和脑共同配合，这是手在为以后的工作做准备。当孩子的小手能够稍稍停留在一个水平面以感受表面的粗糙和光滑，或者拿起圆柱体准确地将它放入插孔，又或者用手指触摸几何图形的轮廓，都是孩子在协调自己的手部动作，为以后的工作做准备。当孩子做好了准备，他们就会非常急迫地想要学习新本领——用自己的双手进行书写。

我们有两套截然不同的练习来让孩子为书写做准备。我观察和分析了关于书写的运动，并创制了这两套练习。我发现，在书写时，有些动作是在控制书写工具，这种动作带有一定的个人特点，因此我们可以通过笔迹鉴别一个人。在一些医疗案例中，医生就是根据病人的笔迹变化来观察和了解病人神经系统的病变。也就是说，专家可以从一个人的笔迹来了解他的精神状态。书写的另一个特征，就是运用字母符号系统。书写包括这两方面的内容，因此，可以专门针对这两方面内容进行练习。

控制书写工具的练习

这个练习的教具是两块浅槽木板，每块木板上面立着5个粉色的方形金属框架，金属框架的手柄上都有一个圆顶小把手，每个金属框架上还有一个蓝色的几何图形。

与这套教具配合使用的有：一盒10支的水彩笔，一本经过我5年观察而制作的图案书。

我对这套教具划分了难度等级，可以根据孩子的不同情况、不同阶段来使用这套教具。

准备工作：将两块浅槽木板并排摆放在一起，每个浅槽上有5块方形金属插片，即总共10块插片（图1）。给每个孩子发一张白纸和一盒彩笔，让孩子从摆放得像一条线的10块插片中选择其中的1块，然后进行下面的练习。

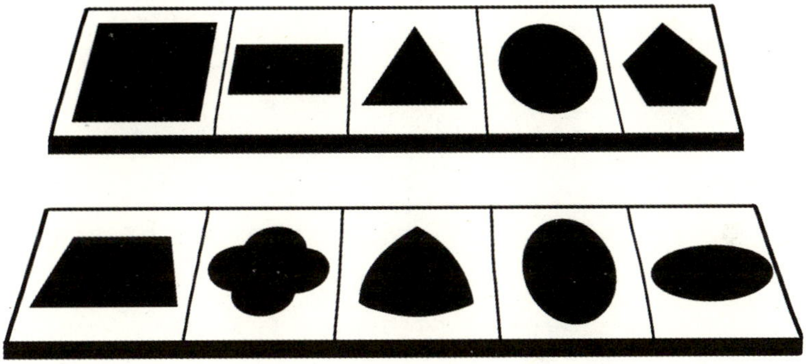

图1　带有金属插片的浅槽板

练习1

孩子将金属插片放在白纸上，一只手压紧，另一只手握着彩笔沿着几何图形的内缘轮廓进行描画。描完之后把方形金属插片拿起，孩子就会发现白纸上有一个封闭的几何图形，如三角形、圆形或者六边形等图形。这个练习并不能说是一个全新的练习，因为孩子在用手触摸木制几何图形轮廓时已经操作过这一过程了。与之前不同的是，孩子不再是用手指进行触摸，而是用水彩笔这个工具来描画几何图形的轮廓。实际上，孩子是通过水彩笔这个工具将自己手部的运动轨迹留在了白纸上。

对孩子们而言，这个练习相对容易，也很让他们感兴趣，当画完一个图形轮廓就会立即将蓝色金属片放在上面。当孩子把几何图形放在画好的轮廓上时，会用另一种颜色的画笔沿着蓝色几何图形的轮廓进行描画。

拿起蓝色几何图形金属片之后，孩子就会发现纸上有一个由两种不同颜色的轮廓描绘而成的几何图形。当孩子精心挑选彩笔颜色来描绘时就会出现很好的效果，这对经过了感知色彩练习的孩子而言是一个非常有趣的过程。

似乎没有这么大的必要来如此详细地介绍这个练习的过程，但事实上，这个练习的每个环节都非常重要。打个比方，如果老师没有将10块金属插片完全地展示在孩子们面前，而是随意地分发给孩子，那么这个练习的效果将会大打折扣。而且，将所有的金属插片全部展示给孩子时，孩子就会有将所有几何图形都描画一遍的欲望。

两种不同颜色的图形轮廓激起了孩子想看看其他颜色组合的兴趣，使得孩子继续这个练习。这项练习因物品和色彩的多样性深深吸引着孩子进行操作，也成为促使孩子取得成功的重要原因之一。

练习2

当孩子完成两种颜色的轮廓描绘时，他要再拿起一支写字用的铅笔，在几何图形轮廓里点点画画，直到将轮廓里的空间全都填满。这时，孩子就会发现，纸上那个被填画的图形与之前木制插片练习中三组卡片的第一组非常相似。刚开始填画时，孩子的小手还不能很好地控制，显得有些笨拙，线条时而粗时而细，线条之间也不平行，而且有时还会描画到图形轮廓之外。在经过一段时间的练习后，孩子们的描画能力有了很大提高，已经能将线条描画在几何图形轮廓之内，而且线条也变细了些，不再一条粗一条细了，画得均匀规整。

孩子一旦开始这个练习，就会有一种不停继续下去的冲动，好像对这种描画图形轮廓和填画图形的练习永远不会产生厌烦情绪似的。没多长时间，就会发现每个孩子都拥有了数量不少的图画作品。孩子们非常重视这些作品，把它们都珍藏在自己的小抽屉里。孩子通过这个练习协调自己的书写动作，使自己能自如地控制手中的笔。如果没有经过一个练习过程就让孩子进行书写的话，就会像孩子刚开始填画图形那样，线条歪歪扭扭，并且把书写变成一件艰难枯燥的事。

这项练习到了这个阶段还是比较粗糙且不完整的。

练习3

现在，孩子需要对图册中特定的图形进行填画练习。先按照原本的顺序将书页一张一张地从图册上撕下来，让孩子选择彩色铅笔填画这些特定的图样。对颜色的选择也体现了一种智慧，孩子因此需要做更多工作：精心挑选颜色，将各种颜色、不同深浅的颜色和谐地搭配在一起，并享受着过程中的乐趣。我们看到这些孩子与那些没有受过教育和练习，没有良好学习和练习环境，或者是接受着简单粗暴教育的孩子完全不同。

必须指出的是，色彩感知教育对孩子的成长发育有着非常重要的作用，它能让孩子拥有一种整洁、优雅的书写字体。填画图形轮廓的练习在许多方面限制着孩子描画时每一笔的长度。孩子要填画平面图形，无论是大的还是小的，无论是花朵还是叶子，无论是可爱的动物还是美丽的风景，图画上的每个细小空间都必须被填满。这样的练习提升了孩子的手部能力，使孩子不仅能胜任日常生活的各种活动，还能在各种限制条件下进行活动。

这个练习可以让孩子为书写各种字体做准备，无论是写大写还是小写，无论是写在黑板上的宽格、窄格或是大孩子使用的小格子练习册，孩子都能书写得很好。

孩子进行填画练习的数量并没有限制。孩子会拿着另一种颜色的铅笔去填画已经填画过的图形轮廓。让这种练习继续深入下去的方法就是要进行难度更大的色彩感知训练。在接下来的训练中，孩子们需要用水彩来描画同样的图样。在这之后，孩子们还可以将各种颜色混在一起，用两种或多种颜色调制出自然的，或者孩子自己期望得到的那种色彩。更深入的色彩感知练习我在这里就不再详细叙述了。

识认和书写字母的练习

为了进行这项练习，我也制作了一套教具，是一系列的字母符号。做练习时，我们需要一组有着一层光滑表面纸片的卡片，卡片上贴着用砂纸制成的字母符号（图2）。还有一种是一张大卡片，这张大卡片上有形状相似的字母成组地贴在一起。

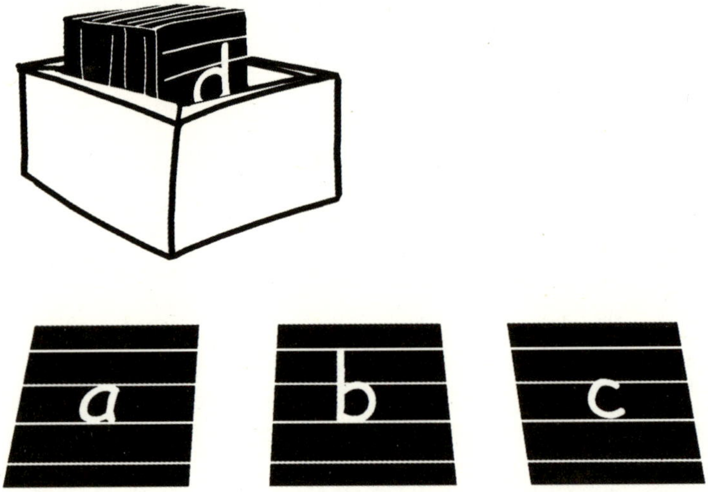

图2　单张砂纸字母卡片

孩子们必须像真正写字那样用手指去触摸卡片上砂纸制成的字母符号。就像之前触摸木制插片那样，孩子们用食指和中指的指尖轻轻触摸那些字母符号。在触摸字母符号时，孩子们要像细心感受粗糙和光滑表面时那样，将手稍稍抬起来。老师可以示范这项触摸练习给孩子看，教孩子如何进行这个练习。孩子之前已经做过了触摸木制插片的练习，因此可以轻松地学习、模仿老师的动作。如果没有经过之前的练习，孩子的手很可能无法精确地描绘出那些字母符号。更重要的是，如果孩子没有之前的触摸练习基础，没有进行手部的运动神经训练，就直接进行写字练习，很容易产生紧张的情绪。因此，孩子在进行书写之前应当做一些相关练习，做好准备工作，这是非常重要的事情。

触摸砂纸制成的字母符号给孩子带来了极大的乐趣。当孩子触摸字母的时候，老师会读出字母的读音，继续运用之前用过的三阶段方法教授。

第一阶段：老师拿出元音字母i和o的卡片。当孩子在细心感受、认真触摸这两张字母卡片的时候，老师念出它们的读音并重复发声：

i，i，i

o，o，o

然后，对着孩子说："请把i字母给我。""请把o字母给我。"

第二阶段：老师可以拿起字母卡片问孩子"这是什么字母"，孩子会回答"i"或者"o"。老师就是运用这样的方法教孩子们认全字母的。

老师教孩子学习辅音字母时，先不教字母的名字，只教孩子发音。孩子们一次又一次地触摸字母符号，无论是小卡片上单独的字母还是大卡片上几个贴在一起的字母，都要进行触摸。经过这样的练习，孩子已经对书写字母符号的基本动作十分熟练了，而且也能够记住字母的直观形象。

这一练习使得孩子不仅为书写做好了准备，同时也为阅读做好了准备。因为孩子在触摸字母时，感受着字母的外形和书写字母的相关运动，同时孩子用眼睛观察这些字母时也是在识别、阅读字母。

第三阶段：孩子已经为书写进行了必要的准备工作，接下来可以书写了。到达这个阶段是孩子在长期练习之后内在形成的结果，孩子自己是根本意识不到的。因此，当孩子进行书写的时候，对孩子而言是一个极大的惊喜——为自己不知在什么时候获得了这种能力而惊喜。

识认单词

练习书写就需要识认单词。我在这里提供一种教具，是一组可以活动的字母。

这些可以活动的字母用粉色和蓝色的纸板剪裁而成，放在一种有隔间的特殊盒子里，来进行单词组合（图3）。

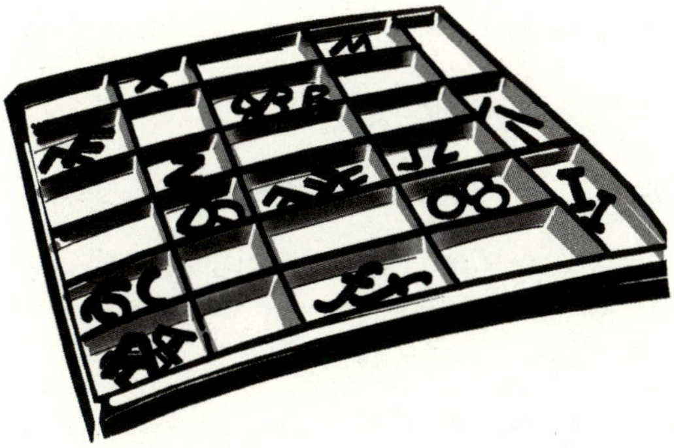

图3　装有活动字母的盒子

学习意大利语时，老师只需清晰地发出组成单词的不同字母的读音就可以了。例如，单词“mano”,就发出“m–a–n–o”这几个字母的读音。孩子经过上面的训练之后，听到字母的读音可以很容易就将字母一个一个地分辨出来。之后，孩子根据刚才听到的读音，在活动字母中选择相应的字母并按正确的顺序摆放，这样单词“mano”就被孩子拼出来了。一段时间的练习之后，孩子就能够用自己想出的单词做同样的练习了，他们能够成功地将构成单词的字母挑选出来，并将它们排成单词。

当孩子学会用这种方法将字母组成一个单词时，也学会了这个单词的读音。因此，这个方法不仅能帮助孩子学习书写，也能帮助孩子懂得阅读。老师还可以将活动的字母组成一个单词，然后将单词读音念出来，打乱字母顺序让孩子自己重新排列出这个单词并重复这个练习。

我有两套活动字母。其中一套活动字母大一些，分别装在两个盒子中：一个盒里装的全是元音字母，用来进行第一步的练习，因为刚开始识别字母的时候需要用较大的物体；另一个盒子里装的是辅音字母。孩子能认识一半的辅音时就可以开始组合单词的训练了。另一套是小一点的活动字母，装在一个单独的盒子里。这套活动字母是给那些已经进行了第一步练习，而且对所有字母都有较深认识的孩子做练习之用。

孩子用活动字母进行了单词的组词练习之后，就可以进行整个单词的书写了。那时候，我们会欣喜地发现，那些从来没有在纸上用笔写过一笔一画，没有写过一个字母的孩子竟然可以写出好几个单词。从那个时候开始，孩子就会一直书写下去，不断地提高和完善自己的书写能力。这种书写能力发自内在本能，就像是自然而然学会一样，孩子开始写了第一个单词，接下来就会以同样的方式写其他单词，就像孩子在读出第一个词之后就会继续说话，学会走第一步之后就会继续走下去一样，所有的过程都是孩子发自内心的进行自我完善的过程。当孩子做好了准备工作之后，就会像身体稳稳当当地成长发育一样，能够很好地进行自我发展。

本章小结

蒙氏养育观点

书面语言和口头语言的平行发展标志着孩子书写能力的进步。孩子早期的书面语言是从口语中提炼出来的。

当学会了写字后，孩子们的书写热情会像急流一样无法阻挡。他们不放过任何一处能写字的地方，门上、墙壁上，甚至是面包上，都留下了他们的笔迹。

如果我们匆忙地给孩子们讲解印刷体字母，有可能扼杀他们的兴趣和观察的热情。过早地强迫他们通过阅读图书来识字，会对他们产生某种消极的影响。追求这些无关紧要的东西，只会压抑孩子鲜活而丰富的心灵。

“口齿不清”主要包括：词根、音节、音标、字词的发音不准，喉音和唇音的缺陷，也包括单词发第一个音的压抑。

蒙氏养育指导

□ 书写对书面表达能力和口头表达能力的发展至关重要。

□ 学会书写能大大提高阅读能力。

□ 任何符号都是难以掌握的。

□ 真正的困难在于给幼儿解释符号，要记住孩子处在感知年龄阶段。

□ 老师要知道：一旦强化了错误的机制，那么语言的缺陷就将再也无法改变。

□ 对幼儿的语言教学，语言必须具体化，一定要稳定。

□ 用硬纸卡做出字母，孩子把手指放在字母上面，顺着字形写，并感受这些字母的形状。

□ 孩子不喜欢阅读别人写的东西，很可能是由于他们还不认得书中的字。

□ 希望完善孩子语言时，让孩子首先进行作文，然后进行语法研究；希望完善孩子语言形式时，首先按照语法规则教授写作，然后对形式进行分析；希望完善孩子话语时，首先必要的一点是话语必须存在，然后进行适当分析。

第4章

算术入门：数字教学

MONTESSORI BRINGING UP

YOUR 4 YEARS OLD

CHILD

当对孩子进行实际数字的教学时，就意味着从木棒练习转变为使用独立的单位进行计算。这个转变是一个质的飞跃——从木棒的具体概念转变成数字的抽象概念。

·1·

用教学用具帮助孩子认识数字的概念

当对孩子进行实际数字的教学时，就意味着从木棒练习转变为使用独立的单位进行计算。这个转变是一个质的飞跃——从木棒的具体概念转变成数字的抽象概念。

孩子在学习计算之前，要拥有必要的知识，要对一些概念有清楚的认识。在之前的感知练习中，那些教具让孩子有了一定的数量概念，例如长、短、明、暗等。在进行识别物体形状差异的练习时，孩子理解了“一致”和“区别”的概念，先认识了相同的物体，然后再将相似的物体按一定的次序摆放好。这里，我要特别提一下立体插件的第一个练习，这个练习2岁半多的孩子就可以进行。当孩子将一个圆柱体放入一个较大的插孔，那么最后总有一个圆柱体放不进插孔，孩子会在不断的练习中本能地思考为什么会有一个圆柱体找不到自己的位置。孩子的大脑对老师过早教他们进行算术并没有做好准备，但通过这样的练习，孩子的大脑慢慢开始进行知识储备，这是一个缓慢的自我培养过程。

当孩子的大脑做好准备之后，就可以开始算术的教学了。在进行算术练习时，我们还需要运用感知教育时采用的教具。

这几套教具之间都有一定的联系。

木棒练习

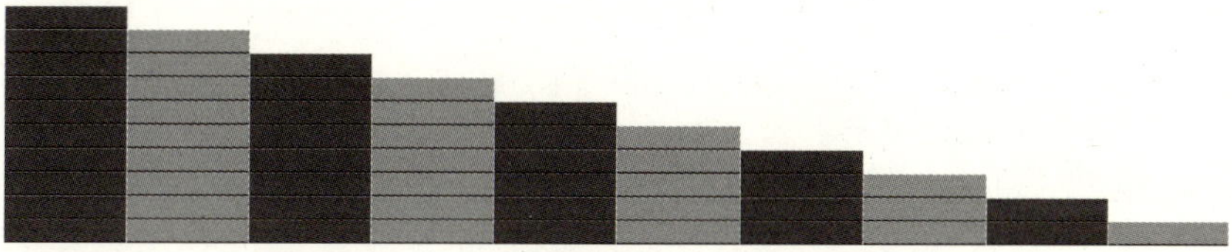

图4 教孩子认识长度的木棒教具

在教孩子认识长度的那组教具中，每根木棒的增长比例是10厘米，且保证其他尺寸都不变，最短的那根木棒是其他木棒的衡量单位，第二根木棒是它的2倍，第三根木棒则是它的3倍。这10

根木棒都有着一定的联系，这种联系与1、2、3、4、5、6、7、8、9、10等计数顺序完全相同。

棱柱练习

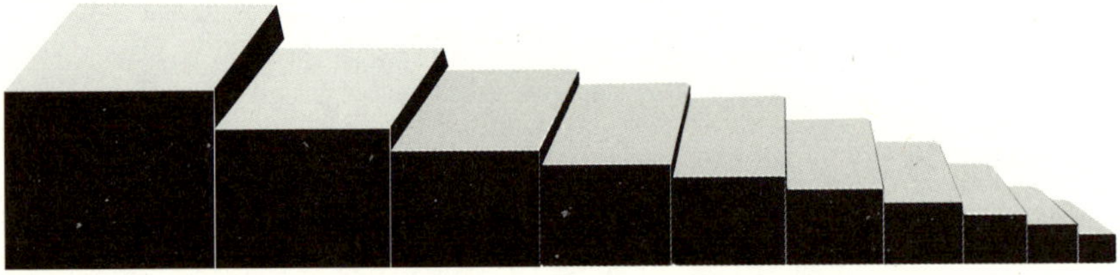

图5　教孩子区别厚度的棱柱教具

教孩子认识厚度的棱柱教具，其棱柱方截面进行变化而长度保持不变。也就是说，第1个棱柱体截面边长为1厘米，第2个则为2厘米，第3个则为3厘米……第10个棱柱体的截面边长为10厘米，棱柱体的截面边长进行着序列变化。因此，棱柱体之间也是相互联系的，其比例与平方数序列相同（1、4、9等）。也就是说，第一个棱柱的边长为1厘米，那么需要4个1厘米边长的棱柱才能构成一个2厘米边长的棱柱，9个边长为1厘米的棱柱才能构成边长为3厘米的棱柱，等等。这组教具之间的比例为1：4：9：16：25：36：49：64：81：100。

立方体练习

图6　教孩子区别大小的立方体教具

教孩子区分大小的立方体的边长同样也是根据数字顺序依次增加的。第1个立方体的边长为1厘米，第2个为2厘米，第3个为3厘米……第10个则为10厘米。要8个边长为1厘米的立方体才能构成一个边长为2厘米的立方体，要27个边长为1厘米的立方体才能组成边长为3厘米的立方体，依此类推。这些立方体之间的联系就是体积上的区别，就是从1到10的立方乘积之比，即1：8：27：64：125：216：343：512：729：1000。

孩子通过练习意识到，立方体练习是三套练习中最容易的一个，而木棒练习则是最难的一个。

利用木棒教具教孩子计数

我们可以用一根长木棒教孩子算术，需要先将长木棒分成10根10厘米长的小木棒，并将它们分别涂成红色和蓝色。在做练习时，孩子会发现，一根小木棒4倍长的木棒是由4根相同长度的小木棒组成的。

我们将木棒摆好后就可以开始教孩子计数了，用手一个一个点着木棒并数1、2、3等数字，一直数到10。我们还要运用之前常用到的三阶段方法让孩子有一个清晰的计数概念，并让孩子识别单个的小木棒。

我们把3根木棒放在孩子面前，指着木棒或者依次握在手中，并说："这是1。""这是2。""这是3。"我们指着木棒的分割线再次明确地告诉孩子："1、2，这是2。""1、2、3，这是3。"然后，我们跟孩子说："请给我2。""请给我3。"

最后，指着小木棒问孩子："这是几？"孩子会回答："3。"我们要跟孩子一起数："1、2、3。"当孩子掌握了这3个数字之后，就可以继续按顺序教孩子计数了。根据孩子的具体情况，可以每次在原有的基础上添加1根或2根木棒。

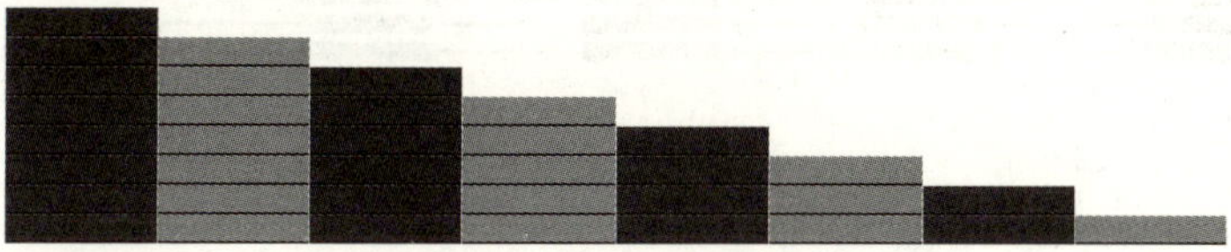

图7　红蓝计数木棒

通过这个练习，可以帮助孩子形成清晰的计数概念。当孩子读出一个数时，这个数有一个相对应的具体实物存在，也就是数与实物的结合。我们可以尝试让孩子这样理解：当孩子给我们展示9时，手里拿的是一根不会弯曲的木棒，由9根基准长度的小木条组成。当孩子进行8+2的运算时，会在一起摆放2根不同的木棒，一根木条是由2根基准长度的小木条组成，另一个木棒则由8根基准长度相等的小木条组成。在一些学校，为了让计算课程变得轻松有趣，老师会用豆子、弹球等小物体来替代小木条。例如，在进行8+2的运算时，孩子会先拿出8个弹球，然后再加进去2个。这样，孩子的头脑就不是在做8+2的运算，实际上是在进行1+1+1+1+1+1+1+1然后再1+1，使得孩子必须在头脑中牢牢记住8个弹球作为一个联合整体与单个的数字8相对应。这种弹球计数练习很可能会让孩子倒退，使孩子的算术能力推迟几个月甚至几年。

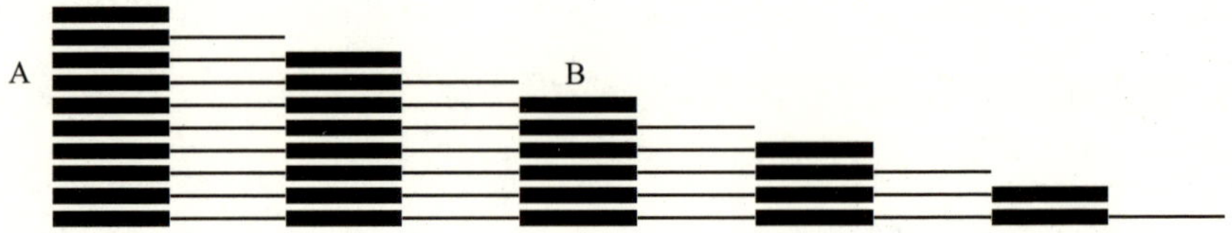

1									
1	2								
1	2	3							
1	2	3	4						
1	2	3	4	5					
1	2	3	4	5	6				
1	2	3	4	5	6	7			
1	2	3	4	5	6	7	8		
1	2	3	4	5	6	7	8	9	
1	2	3	4	5	6	7	8	9	10

图8　计数木条与数字的对应关系

使用教孩子认识长度的教具来教孩子进行10以内的加减运算会简单很多。孩子通过摆放小木棒学习算术，会让学习过程变得更有趣。孩子先将木棒按顺序摆好，然后拿起小木棒1放到9旁边，再将2放到8旁边，以此继续摆放，直到摆到5为止。

这个摆放过程演示了10以内（包括10）的加法，即9+1、8+2、7+3、6+4。孩子要将木棒放回原来的地方，就要先拿走4并将其放在5的后面，然后再依次拿走3、2、1。这样，木棒就回到原来的位置，同时孩子进行了减法练习，即10−4、10−3、10−2、10−1。

如前文所述，当对孩子进行实际数字的教学时，就意味着从木棒练习转变为使用独立的单位进行计算。这个转变是一个质的飞跃，从木棒的具体概念转变成了数字的抽象概念。也就是说，数字可以代替具体的实物了。只使用木棒会将孩子限制在只能运算10以内或者稍多一点儿的数字的水平，这些简单运算只比初级的感知教育进步了一点点。数字是一种图形符号，对人类数学思维的进步起着重要作用。

利用其他教具教孩子识认10以上的数字

还有一个教具，是一盒光面的卡片，卡片上粘着用砂纸做成的1~9的数字，有点儿类似于粘砂纸字母的卡片。教授的方式也与用砂纸字母卡片教授时类似，就是让孩子触摸数字并说出摸到的数字是几。比起触摸字母，老师在教授孩子认识数字这一过程要做更多工作。

首先，老师要示范如何将数字卡片放在对应的木棒上。

其次，孩子掌握之后，再教孩子学会将数字卡片按大小顺序摆放在木棒上。

这个练习过程对孩子而言是一个快乐、有趣地摆放卡片的过程，孩子在很长一段时间内都会很乐意去进行这项练习。

在这个练习之后，孩子就能够运用数字了，并能运用数字进行一些最小的整数组合，可以说这些数字就是他的了。因此，我的教具中还有一套木钉，还有各种各样的小工具，比如小木棒、小积木等。

练习方式就是数字下面放对应数目的物体。在这个练习中我提供了一个教具，是一个里面设有若干格子的盒子，在每个小格子里都印着数字（图10）。孩子看到格子里的数字，就将相应数量的木钉放进格子里。还有另一种练习方式，就是将所有的数字卡片放在桌子上，然后在数字卡片上摆放相应数量的小物体。

上面的练习是学习的第一步，还没有涉及有关零、几十或者其他数字的运算，关于这部分课程我在其他作品中有详细描述，这里就不再赘述。关于盒子这个教具，有一个问题需要注意。盒子的一个格子里印着0，这个格子里什么都不能放，要从1开始。0在1旁边，可以让我们数完9后继续数10。

如果我们不使用相应数量的小物体，而是使用与木棒10一样长的工具，就可以进行10以上数字的学习，即10、20、30、40、50、60、70、80、90。还可以使用这样的教具（图11），有一个框架上面嵌有10~90的卡片，将其固定在框架上，数字1~9可以移动并且能将0盖住。例如，当数字10中的0被1盖住时，就变成了11，被2盖住就变成了12，等等。直到10中的0被数字9盖住，就会变成19。然后开始20的数字练习，0被1盖住变成21，被2盖住变成22，依以类推。

图9　砂纸数字卡片

图10　计数盒

图11　练习算术用的长方架

通过这个练习，孩子会获得清晰的头脑，并且在做练习的过程中，孩子会对数字学习表现出极大的兴趣和热情。

我们在教授孩子学习书写和算术的过程中，积累了大量的经验，获得了教育的成果，这个时候的教育就是让孩子协调肢体动作和初步认识世界。这种发展与成长是一个人第一次与世界进行智力对话的自然结果。

几何图形分析：边、角、中心、底面

几何图形分析并不适合于年龄非常小的孩子。我曾尝试过一些有关此类分析的入门课程，并将这种课程限定在长方形范围内，而且还使用了游戏的方式。在游戏中，孩子不需要注意到长方形就可以进行分析。同时，这种游戏能够更清楚地体现概念。

> 我所使用的长方形就是孩子餐桌的桌面，游戏就是为晚餐布置桌面。我有一套在每所“儿童之家”里面都有的玩具餐具，就像在每家玩具商店里面都能买到的一样。里面分别包括餐盘、汤盘、调味瓶、玻璃杯、小刀、叉子、汤匙等。我让孩子们按照6人用餐的标准布置餐桌，在餐桌较长的一边的每边放2个位子，在较短的一边放1个位子。一个孩子按照我的要求进行布置。我告诉孩子该把有盖汤盘放在桌子的中心位置，餐布放在一个角落上，并对他说：“把这个盘子放到桌子较短一边的中间。”
>
> 接下来我叫那孩子看看桌子，孩子在观察的过程中，我说：“桌子角上还缺点儿什么，我们还需要在这一边放上一个玻璃杯。好，现在我们来看看桌子的长边上是不是所有东西都摆放好了呢？是不是桌子短边上的东西也都放好了呢？桌子的四角上是否还缺些什么东西呢？”

我觉得孩子在6岁以前，不能进行比这再复杂的过程了，我还相信总会有一天，孩子会自觉地拿起一个平面图形，然后开始数边和角的数目。我必须承认，如果我们教他们这种概念，他们的确可以学会，但那仅仅是一种公式的学习，不是可以应用的经验。

必须引导孩子的学习内容

在孩子的算术训练过程中，我们碰到一种广泛传播的偏见，这种观念是：由孩子自己来选择究竟要学什么。如果真是这样的话，孩子将会成为世界的一个陌生人，慢慢地，我们会把他看成在自觉征服各种各样的概念和词汇。这就好像孩子只是生命旅程的一位过客，他观察到旅途中的新鲜事物，试图独自去理解那些有关他的陌生的话语。而他为了理解和模仿，需要自己付出巨大的努力。

其实，对于老师而言，孩子的教育应该被指引到这个方向：减轻他们在没有指导下的努力，而把这种努力转换到征服的快乐上来。对孩子而言，我们就是他们步入社会的导游，他们是一群天真幼稚的旅客，我们是富有智慧且文雅的导游。我们首先不能让自己迷失在徒劳的话语中，而要用简洁清晰的话语，对这些旅客说明艺术作品。而一旦旅客对这种艺术作品展现出很大的兴趣，我们就应该让他们想看多长时间就看多长时间。我们的使命就是展现出生命中最重要和最美好的东西，让他们感受美的存在，而不让他们在没用的东西上浪费时间和精力，让他们在朝圣的路上找到快乐和满足。

我曾提到过这样一种观点：给孩子们呈现一些真实的而不是

平面的几何图形，这些图形会更加适合他们，比如给他们提供一些立方体、半球体和棱柱体等。

我们每天所看到的大量物体，其呈现形式几乎可以说是平面化的。尽管门、窗户框、大理石或者木质的桌面，这些都是实在的物体——立体图形，但如果我们去掉其中的一个维度，只由两个维度来确定其平面的形状，那么图形就更加明显了。

当以平面图形来看待这些实体的时候，窗户是长方形的，桌子是正方形的……我们观察到的仅仅是实在物体平面化后的某一个平面，并且这种实物通过我们的平面化处理得到了更加清晰的展现。

儿童在他所处的环境中能够经常认出来的形状，就是他通过这种方式学会的形状，但是他们却很少能够认识实在物体的几何形状。

关于桌子的腿是棱柱体，或是截断的圆锥体，或是拉长的圆柱体的这种观念，孩子只能通过观察桌面是长方形以后的很长一段时间后才能够认出来。因此，我们不能说房子是棱柱体或立方体。事实上，我们周围的普通事物中几乎没有绝对纯粹的几何形状，相反它们一般都是由一些几何形状组合而成的。所以，孩子在认识一幢房子时，不是去认识房子的形状，毕竟一眼就看出房子的复杂形状这件事对他们来说实在太困难了，他们使用的是一种类比的方法。然而，孩子们可以非常准确地看出窗子和门的几何形状，以及家用物品的表面形状。因此，这种在平面几何中获得的图形知识，对儿童来说是一把有魔力的钥匙，可以帮助他们开启外部世界的大门，让孩子真实地感受到他们能了解其中的秘密。

有一天，我和一位小学生在平西亚山上散步，这位学生已经学过几何，能够理解平面几何图形。当我们登上最高处的平台时，站在平台上我们可以看到德·波波洛广场以及广场后面延伸的城市。我指着远方，说：“看，所有人类的造物都呈现出几何图形。”事实也的确是这样的，每座建筑物的正面都被长方形、卵圆形、三角形和半圆形装饰着。这种在数量如此巨大的建筑物中的一致性，似乎证明了人类智力的局限性。而在邻近的花园中，各种灌木丛和花丛则表现了自然当中形状的无限性。

这个孩子从来没有进行过这样的观察，虽然他已经学过边、角和几何图形的轮廓构造，但从来没有在这之外进行过思考，他对书本上的几何图形一点也不感兴趣，只觉得很枯燥无味。一开始，他嘲笑人类把各种几何图形结合在一起的这种概念。接下来，在我的引导下，他渐渐有了兴趣，开始长时间注视着他面前的建筑物，脸上流露出很感兴趣的表情。孩子看到，在彭特·马格利塔的右边是正在建设中的工厂，钢铁框架构成了一个长方形。这个孩子说“这个真没意思”，他指的是那些建筑工人所从事的工作。然后，我们向平台附近的花园走过去，来到花园面前，静静地站在那里。孩子说“真美”，我想他是在羡慕花草自由的生长。但在我看来，“美”这个词指的是孩子内部灵魂的觉醒。

这次经历使我想到，在对平面几何图形进行观察时，在小花园中看那些花草的经历对孩子来说是一种宝贵的精神资源，同时也是一种智力教育。正是基于这个原因，我希望能够拓展我的研究，使得孩子们不但能够观察出形状，而且能够区分人类和自然的创作，去欣赏人类劳作的成果。

我们可以用诸如硬币、扣子、盘子等日常生活中常见的物品，让儿童灵活学习数字。

·2·

认识用符号呈现的数字

“儿童之家”的名气越来越大，吸引很多孩子前来学习。当3岁的孩子来到“儿童之家”时，经过一段时间的练习，他就已经能够数2或者3，他们可以很容易地学会数数，数物体的个数。就像母亲说“你的衣服上面掉了两颗扣子”或者“我们还要三个盘子”等，有许许多多不同的方式可以达到这一目的，日常生活提供了许多机会。

用零钱帮助孩子学习数学

我曾在伦敦的一所缺陷儿童学校里面见过孩子数数、数卡片。“儿童之家”对此方面的幼儿教学，最开始使用的方法是数钱。

给孩子们几个不同的硬币，用这种方法能让孩子们学会从1数到10。换零钱是一种非常吸引孩子注意力的数数方法。

钱与日常生活联系得如此紧密，所以才能大大引起孩子们的兴趣。没有什么方式能比让孩子熟悉日常使用的硬币更实际的，也没有什么练习比换零钱更有用。

用木棒帮助孩子学习数学

在尝试过这种以实际的方式进行数数的教学后，我想试试更加系统的练习，就像在感觉训练中所使用的木棒那种教学用具——10根木棒。

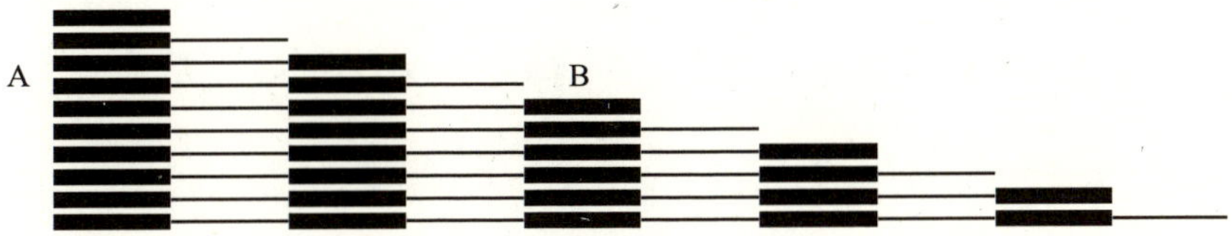

1									
1	2								
1	2	3							
1	2	3	4						
1	2	3	4	5					
1	2	3	4	5	6				
1	2	3	4	5	6	7			
1	2	3	4	5	6	7	8		
1	2	3	4	5	6	7	8	9	
1	2	3	4	5	6	7	8	9	10

图12　计数木棒与数字的对应关系

最短的一根长10厘米，最长的是1米，每根木棒与其相邻的木棒相差10厘米。

木棒上以10厘米为基准，交替使用红色、蓝色。

有一天，当一个孩子按照长度顺序排列这些木棒时，老师让他从最短的一根开始数红色和蓝色的记号，即1，1、2，1、2、3……

利用木棒学习1~10

（1）在数每根木棒（图12）时，都要从1开始，即从A边开始。

（2）让孩子根据每根木棒上面所包含的记号数目，来从短到长给每一根木棒命名，要求从B边开始。

（3）当孩子数最长的一根木棒时，会得到如下数字：1、2、3、4、5、6、7、8、9、10。

（4）如果想要知道木棒的数量，就从上开始数，也是同样的结果：1、2、3、4、5、6、7、8、9、10。

说明：让孩子验证自己的计数是否正确，这会让他非常感兴趣，并进行多次重复游戏练习。

数学与长度相对应的练习

把数数练习与前面孩子认识木棒长短的感觉练习结合起来，孩子就能够巩固数学学习。

（1）在地上将这些木棒混合起来，老师从里面拿出一根给孩子看，让孩子数上面的标记。举例说5、8。

（2）老师让孩子找出在长度上与其相邻且比其大10厘米的那根木棒。

（3）孩子通过眼睛来进行判断木棒所对应的数字，老师将这两根木棒放在一起，带孩子数上面的红蓝记号，来让孩子进行验证。

对幼儿来说，这种练习可以进行重复，且形式可以有所变化。

通过练习，孩子们学会给每一根木棒命名，称呼这些木棒为“1号”“2号”……最终，在课堂上简称为“1”“2”“3”等。

用符号呈现的数字

在这一点上，如果孩子已经知道如何进行书写，那么这与教授字母的方法是相同的——老师可以将这些数字用砂纸剪出来，然后贴在卡片上。

“这是数字1。”

“这是数字2。”

“给我数字1。”

“给我数字2。”

“这是几？”

孩子们兴致勃勃地学着，就像在字母教学中那样学习，描画所学的数字。

数字练习

练习目的：将符号与数量联系起来。

练习准备：设计两个盘子，每个盘子分成5部分。

每部分都有一张贴着数字的卡片。

第一个盘子中的数字是0、1、2、3、4。

第二个盘子中的数字是5、6、7、8、9。

练习步骤：

（1）要求在每个部分里放上和数字相应数量的物体。老师给孩子各种各样的物体，为的是不停变化。

（2）在孩子面前放上容易抓握、不易滑落的大木钉，一个大木钉代表数字1，依此类推。

（3）当孩子完成之后，拿给老师以检验是否正确。

关于数字0的教学

在上一个游戏中，我们的老师需要一直等到孩子们指着写有0的盘子，问："我要在这里面放多少呢？"

老师回答："一个也不用放，0就是没有。"

这还不够，但通常情况下，有必要让孩子明白老师所说的0意味着什么。

为了达到这一目的，老师使用了一个让孩子非常放松的小游戏。

老师站在孩子们中间，然后转向其中一个已经进行过这一练习的孩子，说："亲爱的，过来，到我这里来0次。"

孩子们几乎总到老师这里来，然后又跑回原来位置。

“可是，我的孩子，你来过了1次，而我告诉你的是来0次。”

接下来，孩子就想知道原因了。“老师，我应该怎么做呢？”

“什么也不做，0的意思是什么也没有。”

“老师，可是我该怎样去做什么都没有呢？”

“好孩子，不要做任何事情，静静地站在那里，不应该过来。0次就是一次也不用过来。”

老师一直重复这一练习，直到孩子们理解。当老师让他们到老师这里来0次或吻老师0次的时候，他们能保持安静，什么都不做，但感到非常好笑。

孩子们经常很快乐地喊道：“0就是什么都没有，0就是什么都没有！”

数字记忆练习

当孩子们认识书写的数字，知道这些数字所代表的数值时，对他们进行了如下练习：

（1）从旧日历上面将数字剪下来，然后贴在卡片上，把它们叠好放在盒子里面。

（2）孩子们抽出卡片回到座位上，在座位上打开卡片，看完后再将卡片叠好，并不让别人知道。

（3）老师让这些孩子们（一般说来，自然是班上年龄最大的一些孩子）一个接一个或者分成小组，来到老师桌子边上，桌子上面放有各种各样的小物体。

（4）每一个孩子都根据自己卡片上的数字来选择相应的物体数目。

（5）孩子将自己的卡片也放在物体边上，当然要让卡片处于叠好的状态，用于保密。

在这一过程当中，孩子们不但要来回走动，还要再选取物体并一个一个地数，以保证牢牢记住自己的数字。

在此过程中，老师就可以对不同孩子的数字记忆差别进行有趣的观察。

（6）孩子们拿好物体后，就回到自己桌上进行摆放。他们要将物体摆放成相等的两列——

如果数字不是偶数，就要把最后一个物体放在这列最下面一行的正中间，就像图13显示的那样：

0	0	0	0	0	0	0	0	0	0
×	××	××	××	××	××	××	××	××	××
		×	××	××	××	××	××	××	××
				×	××	××	××	××	××
						×	××	××	××
								×	××

图13　数字记忆练习示意图

示意图中的0代表写有数字的叠好的卡片，×代表物体。

（7）在排列好物体之后，孩子们就等待着老师的检验。

（8）老师来到桌前，打开卡片，读出数字，然后数物体的数目。

当老师一开始进行这个游戏时，孩子们拿的经常要比卡片上所要求的数字多一些，这并不是因为记不住数字，因为他们由于欲望而想拥有最多的物体。

这是人类贪婪本能的一种体现，对那些原始而没有受过教育的人而言更加普遍。

这时，老师就要向孩子们解释："孩子们，你们就是把所有的都拿过来也没有用，因为这一游戏的要点，就在于拿取卡片上所要求数目的物体，大家明白了吗？"

渐渐地，孩子们开始明白这一概念，但并不像我们老师想象得那么容易。

这属于一种自我否定的努力，这种否定要求孩子们将自己限制在一定范围之内。一个孩子看见别的孩子拿了许多东西，而自己按要求只拿两个时，心理就会不平衡。

对于幼儿而言，这一游戏不但是一种数字练习，更是一种意志力的练习。

特别就像那个抽到0的孩子，他不应该拿任何东西，而同时却只能眼睁睁地看着其他同伴自由选取物体，心里很失落，感到自己很寂寞、很孤立，而又不得不服从。

有许多次，0落到了数数非常好的孩子手里，这一下更加形成巨大的反差。他本应该在拿物体、将这些物体摆放整齐和等待老师检验中感到巨大的快乐，可这次却不能。

研究那些抽到0的孩子们的面部表情，是最有趣的事情，能真实看到孩子身上的童心与人性。

每一个孩子的个性特点体现出了个体差异：

有的孩子掩饰不住喜悦之情，因为他们发现自己处于一个独特的位置，这让他的同伴们非常好奇；

有的孩子以一种渴望，几乎是用嫉妒的目光打量其他同伴的每一个动作；

有的孩子无动于衷，表面上显露出勇敢，是为了隐藏失望之情；

有的孩子通过一些下意识的动作，将这种失望流露出来；

另外有一些孩子，则立即接受了这种情况，很不简单。

当在进行检验时，那些拿着0的孩子的表情最有趣。

“你为什么什么东西都没有拿呢？”老师问他。

“我抽到了0。”孩子有点儿不淡定地说。

“是0。”孩子又重复了一次。

这些话都很普通，但孩子们的面部表情以及说话的腔调，表现出各种不同的情绪。

实际上，很少有人在解释时流露出高兴的表情，大多数孩子都是不高兴或无可奈何。

老师对这一游戏的意义进行了说明："如果抽到0，那么想要保守秘密就非常难了，这是最难的。"

这样过了一会儿，孩子们都在保持安静。

这一难题吸引了孩子们，当他们打开写有0的卡片时，老师看到他们还是可以保守秘密的。

每一位老师都能使学习算术运算的方式产生变化，在此过程中还可以利用一些孩子们容易理解的东西帮助他们学习这些比较抽象的概念。

·3·

从1到20的简单计算

“儿童之家”在第一次给孩子教授算术运算时所使用的教学用具，与在数数时所用的用具是相同的，就是那些根据长度变化交替进行红蓝着色的木棒。

简单数学里面，包含了十进制的最初概念。

这些木棒根据所代表的数字为1、2、3……

孩子按照学习要求，按照长度进行排列，而这同时也是在按照数字进行排列。

木棒组成的10

想用木棒组成10，最简单的方法是：将从1开始的木棒，按顺序放到9以下（包括9）的木棒边上。

用木棒组成10

在进行这一步骤的同时，老师可以这样指挥："把1拿起来，然后放到9上边；把2拿起来，放到8上边；把3拿起来，放到7上边；把4拿起来，放到6上边。"

通过这种方式，老师组成了4组和为10的木棒。

现在只剩下5这1根木棒，将5垂直翻转，就会发现2个5拼在一起与其他的10是相等的，就明确了5的2倍是10这样一个事实。

重复这一练习，孩子们渐渐地就学会了更加专业的语言——

9加1等于10；

8加2等于10；

7加3等于10；

6加4等于10；

对于剩下的5来说，5乘以2等于10。

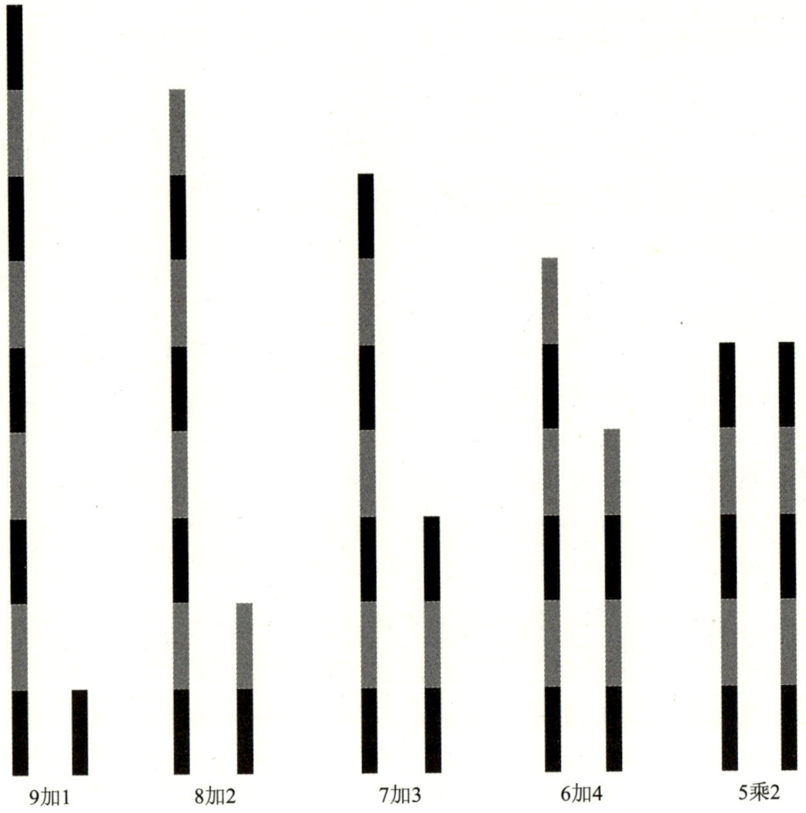

图14　用木棒组成10

当孩子们能够进行书写时，老师就可以教给他们加号、减号和乘号。

下面就是老师在一个小朋友整齐的笔记本上看到的——

7+3=10

6+4=10

5×2=10

9+1=10

8+2=10

当所有这些孩子们都已经学会，并且对在纸上书写表现出极大快乐时，就要将孩子们的注意力转移到那些已经形成10的数字组合上来，将这些数字分开，然后放回原始的位置上。

关于10的减法

一组10中，拿走4剩下6；接下来，拿走3剩下7；依次，拿走2剩下8，拿走1剩下9。

为了清楚地说明这些，老师可以说：

比10少4等于6；

比10少3等于7；

比10少2等于8；

比10少1等于9。

在轮到最后剩下的5时，老师可以说：

10的一半是5，即将10分成2份，就得到了5。

有关这一过程的记录如下：

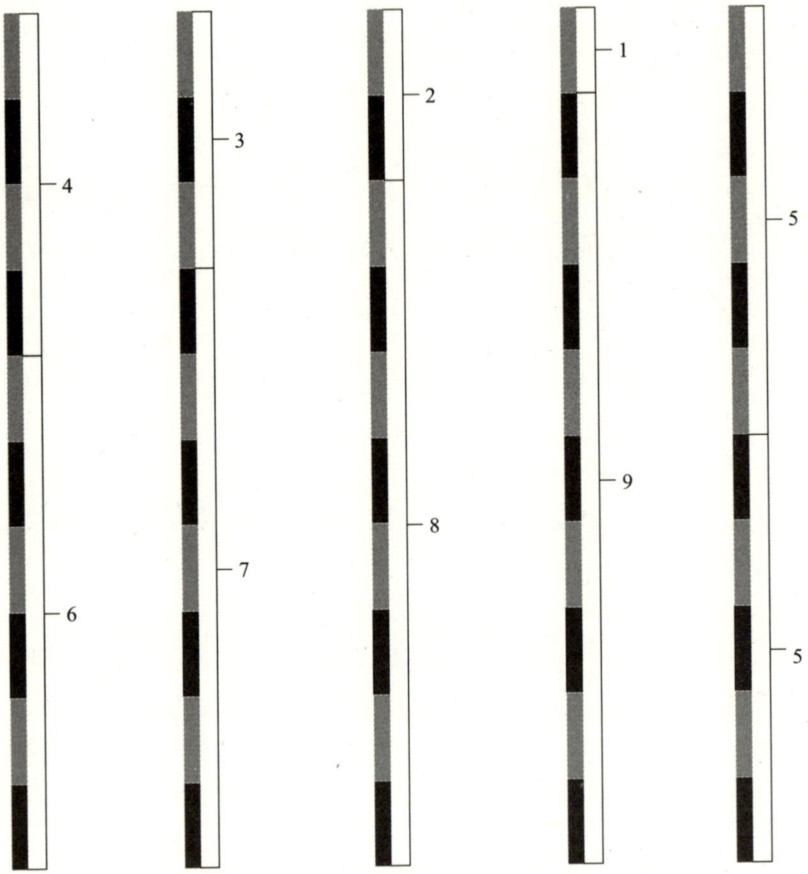

图15　关于10的减法

10−4=6

10−3=7

10−2=8

10−1=9

10÷2=5

倍数

一旦孩子们掌握了上述练习，他们就能自觉地举一反三。比如，老师问："我们可以通过2种方法得到3，是不是？"

接着，在2后面写上1：

2+1=3

"我们也可以用2根木棒相拼，这样拼起来的木棒1和木棒3就与木棒4相等了，是不是？"

3+1=4

4−3=1

4−1=3

木棒2和木棒4之间的关系与木棒5和木棒10之间的关系是相同的，也就是说4里面正好包含着2个2：

4 ÷ 2=2

2 × 2=4

来看看另外一个问题：进行这个游戏，可以使用多少木棒呢？我们可以用3和6，4和8。例如：

$2 \times 2=4$

$3 \times 2=6$

$4 \times 2=8$

$5 \times 2=10$

$10 \div 2=5$

$8 \div 2=4$

$6 \div 2=3$

$4 \div 2=2$

在这里，发现了用来进行数字记忆的数字图表，可以提供帮助——

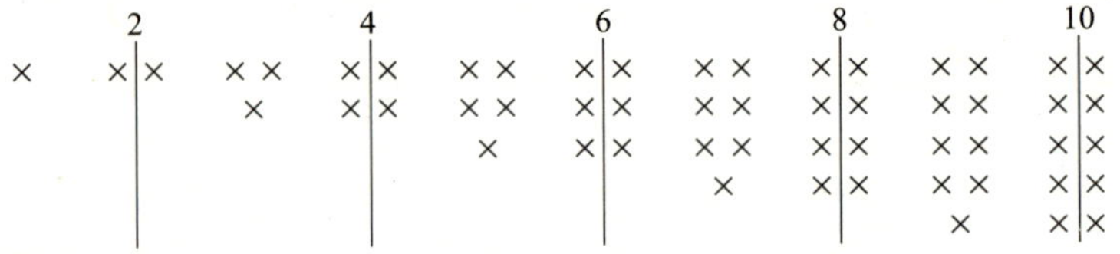

图16　可被2整除的10以内数字（包括10）

按照这种排列，可以立刻看出哪些数字能够被2整除——因为代表这些数字的“×”被竖线隔开后呈左右对称，没有一个单独的“×”。这些数字都是偶数，它们能够两两成对排列，可以被2整除。对于2、4、6、8、10这样的偶数，2乘以上表中其所对应的行数，就得到了上方的数字，得到的这个数字就是积。而为了还原为原始数字，只需要将这两列进行重组，也就是$2 \times 3=6$。

这些练习对于5岁的孩子来说，并不十分困难。

对于孩子而言，这种重复练习，很快就变得非常单调。不过，我们的老师可以把练习进行简单的变化：

把这套木棒拿过来，不再将木棒1放在木棒9后面，而是放在木棒10后面。

接下来，将木棒2放在木棒9后面，木棒3放在木棒8后面。

通过这种方式，让拼在一起的木棒变得比10长，逐渐能够认识10以上的数字，通过不同的数字组合，让数字之和分别是11、12、13……直到20。

在“儿童之家”，因为老师已经教孩子学过10以内的运算，所以在进行20以内的运算时就没有困难了。唯一的困难就在十进制，这需要专门的课程来讲解。

十进制课程：大于10的算术运算

必要的教学用具：

（1）一些正方形卡片，卡片上面印着又大又清晰的数字10。

（2）一些长方形的卡片，这些长方形卡片的大小恰巧是正方形卡片的一半，包含一套从1到9的单个数字卡片。

游戏步骤：

（1）把长方形卡片上的数字排成一条直线：1、2、3、4、5、6、7、8、9，即数字阶梯。

（2）从1开始沿着数字阶梯一直数到9，因为再数就没有数字了。

（3）用长方形卡片按从1~9的顺序将正方形卡片上的0覆盖住，这样就得到了：11、12、13、14、15、16、17、18、19。

将木棒1、木棒2、木棒3直到木棒9，分别与木棒10相加，就得到了上述这些数字对应的不同长短的组合木棒。

（4）老师可以给孩子们看卡片，比如数字16，然后老师可以在木棒10后面放上木棒6。

（5）老师将写有6的卡片拿走，换成数字8的卡片，卡片上的数字便由16变成18。

（6）孩子们将木棒6拿走，然后放上木棒8，组成18。

步骤5、步骤6可以进行如下记录：

10+6=16

10+8=18

教学中，对于减法，老师也采用相同的方法进行教学。

当孩子们对数字有了初步的概念时，在学习过程中，老师可以将数字的个位和十位进行结合，就像在图A中所显示的那样。

A	B	C
10	10	10
10	11	20
10	12	30
10	13	40
10	14	50
10	15	60
10	16	70
10	17	80
10	18	90
10	19	100

在图A中第2个10的0上面用写有数字1的卡片进行覆盖。依次类推，可得到11~19（如图B）。也就是说，第1个10保持不变，自第2排开始右边数字依次改为1、2、3、4、5、6、7、8、9。

在图A中第2个10的1上面用写有数字2的卡片进行覆盖。依次类推，可得到20~100（如图C）。也就是说，第1个10保持不变，而下方左边的数字依次改为2、3、4、5、6、7、8、9、10。

图C中的每个数字相差10。

这样，几乎所有的孩子都能够数到100，满足他们在学习时的好奇心。

每一位老师都能使学习算术运算的方式产生变化，在此过程中还可以利用一些孩子们容易理解的东西帮助他们学习这些比较抽象的概念。

本章小结

蒙氏养育观点

孩子在学习计算之前，要拥有必要的知识，就要对一些概念有清楚的认识。感知练习中的教具让孩子有了一定的数量概念，例如长、短、明、暗等。而在进行识别物体形状差异的练习时，孩子会理解“一致”和“区别”的概念。

向孩子进行实际数字的教学，就意味着从木棒练习转变为使用独立单位进行计算的练习。这个转变是一个质的飞跃，从木棒的具体概念转变成了数字的抽象概念。

对孩子而言，我们就是他们步入社会的导游，他们是一群天真幼稚的旅客。我们首先不能让自己迷失在徒劳的话语中，而要用简洁清晰的话语，对这些旅客说明艺术作品。

对于老师而言，孩子的教育应该被指引到这个方向：减轻他们在没有指导下的努力，而把这种努力转换到征服的快乐上来。

蒙氏养育指导

□给孩子们几个不同的硬币，用这种方法能让孩子们学会从1数到10。换零钱是一种非常吸引孩子注意力的数数方法。

□几何图形分析并不适合于年龄非常小的孩子。

□通过木棒练习，可以帮助孩子形成清晰的计数概念。当孩子读出一个数时，这个数有一个相对应的具体实物存在，也就是数与实物的结合。

□有必要让孩子明白老师所说的0意味着什么，如“亲爱的，过来，到我这里来0次”。

□我们的使命就是展现出生命中最重要和最美好的东西，让他们感受美的存在，而不让他们在没用的东西上浪费时间和精力。

第 5 章

儿童的体格训练

MONTESSORI BRINGING UP

YOUR 4 YEARS OLD

CHILD

保证孩子所做的一切运动都与生理要求相符合，只有这样才不会导致下肢疲劳，引发畸形。

·1·

遵循儿童的生长规律

儿童体形的初始阶段发育特征是躯干比下肢要发达。通常情况下，新生儿的身体躯干，从头顶到腹股沟的长度占整个身体长度的68%，下肢仅占32%。在儿童身体发育过程中，这些相关的比例会发生明显的变化。新生儿和成年人在体形上的差别，会随着年龄的增长而缩小，即下肢占整个身体长度的比例越来越高，直到占比为50%（上下略有浮动）。但是，儿童在成长的初期，躯干的发育仍然比下肢的发育要快。1岁儿童从头顶到腹肌沟的长度占整个身体长度的比例为65%，2岁为63%，3岁则为62%。

当儿童达到入园年龄，下肢仍短于头部和躯干，仅仅为身高的38%。当6～7岁时，头部和躯干占身高的57%～58%，在这个阶段，儿童的身体不仅明显地长高，头部和躯干与下肢的比例也发生了变化。这时，下肢开始明显增长，这种增长主要源于长骨两端软骨层的发育，通常来说，这与没有完全发育的骨骼有关。此时，还没有完全发育成熟的下肢骨骼又必须承受相较它大得不成比例的躯干。考虑到这方面的因素，我们不会以成年人的行走标准来要求孩子，更不会要求他们像我们一样步态平稳。如果一个孩子还不够强壮，站立和行走就会使他感到疲劳，下肢会因为不堪承受身体的重量而出现畸形，通常会形成罗圈腿。这种情况很容易在营养不良的穷人家庭的孩子身上出现，或是在骨骼生长缓慢但又未患软骨病的孩子中发生。

倘若我们以成年人的角度来考虑孩子的身体与动作，那就是大错特错，因为儿童的身体有其年龄段自身的比例和特征。儿童一般会有向后仰或向前踢腿的倾向，这说明他们有与身体比例相适应的生理需求。幼儿喜欢爬行，这是因为他们的下肢太短。可是，我们往往以无知的方式强迫儿童去改变他们的这些自然表现，如不让他们下地、伸腿等，强迫他们按照成年人一样走路，要求他们的步态像成年人一样，而且还找出一个冠冕堂皇的借口："我们不想让孩子变得任性，不想让孩子想干什么就干什么。”这是一个致命的错误，容易让孩子变成罗圈腿。因此，我们最好说服母亲们，让她们特别注意幼儿保健。也就是说，我们应该用体操来帮助儿童发育，保证孩子所做的一切运动都与生理要求相符，只有这样才不会导致下肢疲劳，引发畸形。

适宜孩子的运动

通过长期对儿童的观察，我找到了一个帮助他们活动的好方法。这个方法简单介绍如下：

老师组织儿童练习齐步走，领着他们在庭院和街心花园里转着玩或做游戏。

这种花园的四周要围上栅栏，即每隔一段距离打上一个桩，在木桩上平行拉几根粗铁丝；在栅栏附近设立小凳子，孩子走累了就可以坐在上面休息。

这时，总会有一些2岁半到3岁的孩子落在队伍后面。很显然，他们累了。他们不坐在地上也不坐在小凳子上，而是跑向矮小的栅栏，用双手抓住最上面的一排铁丝，然后把双脚放在最下面一排的铁丝上，就这样脚踩着铁丝，在上面走来走去。他们愉快地看着仍在绕圈子的伙伴，眼睛里闪烁着无比欢乐的光芒。

的确，这些沿铁丝走来走去的孩子，以实际行动解决了我的一个难题。它就是：

孩子们沿着铁丝斜着身子走动时，他们的下肢在得到锻炼的同时，又不用承受整个身体的重量。

要是在儿童健身房里也设置这种器械，就能使儿童做出类似于在铁丝栅栏上所做动作一样的动作，从而满足了他们在地上爬行和踢腿的需要，也就满足他们身体发育的需要。

所以，我建议在儿童游戏室里也设置这样的小围栏。具体做法是：把小木棍平行横穿在一排排立柱中间，让孩子在上面玩耍。这样，孩子们在上面玩耍的同时，也可以心情十分愉快地看到同一屋子里其他孩子玩耍的情况。

体育馆里的其他器械也可以按这样的理念来设计，也就是说，为儿童的活动需要提供一些适宜的器械。塞贡就发明了一种可以锻炼下肢的器械，特别用来增强体弱儿童膝关节的力量。这种器械叫“篮椅”，它是一种坐式秋千，有一个很宽的座椅。孩子坐在上面，即便双腿向前伸出，也能够完全放在座椅上。座椅的四个角分别用绳子吊起来，这样可以来回晃动。座椅前面的墙上有一块木板，当孩子用脚蹬木板时，椅子就能够来回晃动起来，可以使孩子的下肢得到充分的锻炼。

适宜儿童锻炼的体育运动和器械

摆球

摆球，顾名思义，就是在一根绳子的末端挂着一个橡皮球的器械，可以由一个或多个孩子玩儿。孩子推动橡皮球，橡皮球就会摆动，以此来锻炼双臂、脊椎，同时也训练用眼睛来估算手与处于运动中物体的距离。

走直线

走直线就是在地上用粉笔画一条直线，让孩子沿着直线行走。这有利于引导儿童按规定的方向调整自己的运动方向。

爬小圆梯

再有一种游戏就是爬小圆梯。小圆梯由木头制成，呈螺旋状，一边有护栏，可以当扶手；另一边敞开着。这种游戏有助于培养孩子上下楼梯不用扶栏杆的习惯。还可以调节上下运动过程中的平衡作用。整个梯子不要过高，台阶要平缓。孩子们在这种圆梯中上上下下，可以使孩子得到在家爬楼梯时得不到的舒适锻炼——家里的楼梯是按成年人的身体比例设计的，不适合孩子的行走要求。

跳远与跳高

用来练习跳远的体育器械，是木质的低平台，上面用油漆画上若干条线，起到标示所跳距离的作用。另外，这种体育器械还有一段阶梯，配合平台使用，用来练习和测量所跳的高度。

绳梯

我个人认为，绳梯也适用于幼儿园里的孩子。搭配起来使用，有助于完善许多动作，例如站起、前弯后仰等。若没有绳梯做辅助，儿童做这些动作时极有可能会失去平衡。

上面所说的所有运动对儿童的成长都有很大的帮助，这些帮助主要表现在两方面：

- 掌握平衡
- 协调肌肉运动

当然，所有运动都可以增加肺活量；此外，这些运动还可以增强手的抓握能力。体育馆中应该设置一些基本运动器械，例如与行走、投掷、上下楼梯、起立、跳跃等动作相对应的锻炼器械。

儿童体操包括自由体操、教育体操、呼吸体操。

·2·

儿童体操

自由体操

我所说的自由体操与体育运动上的自由体操有很大区别，因为它不使用任何器械。这种体操分为两类：口令下的体操和自由游戏。

第一类，我建议采用齐步走，练习它的目的并非练习节奏感，而是练习孩子的平衡能力。练习时，最好随着脚步的节奏哼一些短小的曲子，因为这样能够增强肺部功能。

除了齐步走以外，还有福禄培尔的一些伴有音乐的游戏，这类游戏与儿童经常玩的游戏十分相似。在自由游戏的过程中，我们给孩子们提供皮球、铁环、装满豆子的小包或风筝。在树林，孩子们可以玩“小猫抢墙角”和其他简单的捉迷藏游戏。

教育体操

我们“儿童之家”把两类练习归纳为教育体操。第一类练习是学校工作的一部分，比如耕地、栽种植物、饲养动物，具体来说就是浇水、剪枝、喂鸡等。这些活动要求多种运动之间的相互协调，比如，锄地需要弯下腰栽种植物，之后再起立等动作的协调；要求孩子们搬运物品到指定的位置，并且使用这些物品。这些能为孩子们提供一个极为有益的锻炼机会。

播撒类似于玉米、燕麦等小物体，以及开关花园门或开关鸡舍的门都是有益的锻炼。所有这些锻炼都需要在户外进行。

在我们“儿童之家”的教育体操中，还包括一些增强手指协调性的练习。这样的练习可为儿童以后的实际生活做准备，例如，穿衣服、脱衣服、解纽扣等都是增强手指协调性的练习。

这类教育体操的教具很简单：木质框架，每个框架上绷上两块布或皮革，缝上或者空出一排排纽扣和扣眼，或者挂钩和钩眼，或者带子和带眼，或者拉链等。在“儿童之家”，我们有10种这样的框架，每种框架代表一种不同的穿衣和脱衣方法：

（1）框架上挂上两块比较厚的毛料织品，缝上骨质扣——大致等同于儿童的外衣；

（2）框架上挂上两块亚麻布，缝上珠型扣——大致等同于儿童的内衣；

（3）框架上挂上两块皮革，缝上鞋扣：孩子们使用纽扣钩连接这两块皮革——大致等同于儿童的鞋子；

（4）框架上挂上两块皮革，用鞋带系在一起；

（5）框架上挂上两块布（用鲸骨内撑），用带子系在一起——大致等同于意大利农妇穿的紧身围腰；

（6）框架上挂上两块呢绒布，用风纪扣连接在一起；

（7）框架上挂上两块亚麻布，用小挂钩和钩眼连接在一起；

（8）框架上挂上两块布，用彩色的宽缎打成蝴蝶结连接；

（9）框架上挂上两块布，用绳子系在一起——大致等同于儿童内衣的系绳方式；

（10）框架上挂上两块布，用拉链连接在一起。

孩子们通过使用这些教具，来了解穿衣服和脱衣服必须做的动作。经过反复训练后，孩子们就可以独立完成这些动作，我们的目的也就达到了。

孩子们学会这些动作后，就希望马上能够在实际生活中运用这种能力，并为自己拥有这种能力而感到高兴和自豪。这种能力可以使他们早日学会谦虚和活跃，而那些无缘学习这种实践教育的儿童则发展得很晚。这种系扣游戏，的确很受孩子们的喜欢，当10个孩子围在桌旁同时进行这个游戏时，他们的表情十分认真而严肃，就好像敬业的小工人在工作车间里工作一样。

呼吸体操

这种体操的目的是调节孩子的呼吸运动，也就是说，教儿童科学的呼吸方法。同时，它也有助于儿童养成良好的说话习惯。我们所采用的练习来自萨拉教授曾采用过的一本教材。我们“儿童之家”从他的论文《口吃的治疗》中选取了一部分简单的训练方法，包括有关呼吸运动与肌肉训练相协调的训练方法。比如：

双手叉腰，张开嘴巴，舌头平直。

深深吸气，伴随提肩，膈膜放低。

缓慢呼气，缓慢放肩，复原姿势。

老师应该选择或设计一些简单的呼吸体操，并且还要伴随一些手臂的运动等。

正确科学地使用嘴唇、舌头和牙齿的练习，就是教学生在发某些基本的辅音时嘴唇和舌头该怎样运动，如何增强有关的口腔肌肉，为发音做准备。这种体操为发音做好了准备，训练了语言器官。开始时，我们是让全班的孩子一起练习，然后逐一检查。我们让孩子们大声发出单词的第一个音节。当每个孩子都尽了最大的努力后，我们再逐个叫起来单独重复。如果他发的音很准确，就站在右边；如果他的发音不准确，就站在左边。对于发指定的音有困难的孩子，我们就鼓励他多重复几遍。老师还应该记录下孩子们的年龄和发音时肌肉运动的缺陷。然后，老师可以摸一下孩子使用的那部分肌肉，比如摸一摸嘴，或者让孩子张开嘴，伸出舌头，用手把孩子的舌头扶到他的上齿，告诉他这样发出的音才是正确的。

这类发音体操的基础练习如下：

我们先让孩子练习这些单词的发音：pane–fame–tana–zina–stalla–rane–gatto。

在发pane时，我们让孩子们用力重复pa、pa、pa，练习嘴唇的圆形收缩。

在发fame时，重复fa、fa、fa，练习下嘴唇对着上齿的运动。

在发tana时，重复ta、ta、ta，练习舌头对着上齿的运动。

在发zina时，练习上下齿的协调。

在发stalla时，重复整个单词，上下齿合拢，并将舌头（趋向外伸）贴在上齿上。

在发rane时，重复r、r、r,练习舌头的弹动。

在发gatto时，注意发喉舌音g。

教育和生活的目的就是使一个人具有理性，能够支配自己的活动，使一个人的活动不仅由感官刺激而产生本能反应，而且受到理性的控制。

·3·

成人要理解儿童运动的意义

由于不了解儿童身体运动的重要性，成人就可能会阻碍儿童进行身体运动，导致儿童出现失调的问题。甚至连科学家和教育家也没有意识到运动对于人的发展的重大作用。令我们不解的是："动物"这个单词里含有"活力"的意思，或者更简单地说，含有"活动"的意思，而且植物和动物的不同之处在于前者被固定在土地上，后者可以四处活动，所以我们为什么要去阻止儿童活动呢？

儿童是到处活动的

成人轻率地赞美“儿童是植物，儿童是花朵”，意思是说儿童应该“保持安静”；还有人将儿童形容为“天使”，也就是说即使儿童是到处活动的，其活动场所也不应在人间。所有这些描述都揭示了人们心中令人震惊的盲目性。这种盲目性比心理分析学家认为的存在于人们潜意识中的盲目性更可怕。虽然科学能够触及潜意识的层面，却还无法揭示潜意识的奥秘，也许我们可以从这样一个事实中看出这种盲目的程度之深。

没有人否认感觉器官对智力发展具有重要意义。的确，盲人和聋人在达到智力充分发展方面将遇到很大的困难，因为眼睛和耳朵被视为心灵的窗户。虽然“盲”和“聋”会为智力发展带来阻碍，但这与他们身体其他部分的健康完善并不会发生冲突。但是，如果人们认为有意剥夺儿童的视觉和听觉仍能使他们在文化和道德方面获得高水平的发展，这却是荒谬可笑的认识。

尽管如此，要让人们接受身体活动与道德、智力发展具有同等重要的作用这一观点，却并不是一件容易的事情。如果一个正处于发育中的儿童，不运用他的运动器官，他的发展就会受到阻碍，而且与丧失了视力或听觉的人相比，他的发展将更加艰难。

失去肉体自由是非常痛苦的

与盲人和聋人相比，一个失去肉体自由的人将遭受更多、更深刻的痛苦。虽然盲人和聋人被剥夺了某种与环境沟通的手段，但经过一系列的适应过程后，他们的其他感官将会更为灵敏，能够为其弥补一些身体上的不足。

另一方面，一个人身体方面的活动与其个性的形成具有密切的关系，没有任何东西可以代替活动。一个人如果没有认识到这一点，不但对自己的发展会产生负面影响，还有可能背离生活，将自己逼入绝境，成为一个永远的“流浪者”，就像亚当和夏娃那样。当亚当和夏娃从天国被逐出后，他们不得不满怀羞耻和悲哀，走进一个完全陌生的世界，经受无数的磨难。

当人们谈到肌肉时，通常把它形容为人体的物质组成部分。这种概念与我们所说的精神的概念是相悖的。精神无须物质成分，因而也不存在任何机制。

当我们提出，身体的运动或活动对于心理的发展，要比视觉和听觉更为重要时，大多数人都会觉得这种观点有些匪夷所思。但是，即便是我们的眼睛和耳朵，也要遵循一定的物理规律甚至机械规律来发挥功能。我们的眼睛一直被描述为就像一部“极具活力的照相机”，当然，它的结构是充满奥妙的。耳朵也被形容为一支乐队，拥有能够振动的鼓和弦。

然而，当我们提到这些具有伟大功能的器官在心理发展中所起的作用时，却并不仅仅将其看成一个个机械的装备，而是视为获得知识的工具。人们通过这些神奇而具有活力的工具接触世界，并运用这些工具来满足自己的精神需求。精神需求需要通过欣赏冉冉升起的朝阳、令人喜悦的艺术品、悦耳的歌声、精妙的演奏，获得不断地滋养。经过各种不同的感官体验，我们每个人都会进行审美和评判。

如果不去欣赏各式各样的景物和声音，那我们复杂的感觉器官还能具有什么功能呢？看和听这两种活动本身并没有多么重要，其重要性在于通过看和听去构建和发展一个人。运动（即活动身体）也能够产生相同的作用。运动需要各种器官参与进来，即使这些器官无法像耳膜或眼睛的晶体那样具有高度的“专业化水平”。教育和生活的目的就是使一个人具有理性，能够支配自己的活动，使一个人的活动不仅由感官刺激而产生本能反应，而且受到理性的控制。如果一个人无法达到这个目的，他就不能获得作为一个具有理性的人所期望的人物角色的统一。

正确认识儿童保健体操

我认为，很多人对体操的看法存在误解。在公立学校内，习惯上把体操当成一种集体性的肌肉训练，它的目的是让孩子学会一套规定的动作。这种体操的指导精神具有强迫性，它以强制性运动来代替本能运动。也就是说，孩子不想或不愿意学习某个体操动作，但在公立学校里这种意愿是无法被认可的，孩子必须得学。我并不知道选择这些强制性运动的心理学依据是什么。与它类似的运动也被广泛运用于医疗体操，它目的是让萎缩或麻痹的肌肉逐步恢复正常运动或能做正常运动。

公立学校所采用的一系列胸腔运动，在医学上用来治疗障碍性肠道疾病。让一群正常的儿童来仿效这些运动，我真的难以理解。不仅如此，我们还能够在体育馆里见到类似运动，就像杂技演员的基础性训练。我这样说，并不是要批评这类运动或倡导这类运动的机构，我们“儿童之家”当然不会训练这类体育运动。当很多人听到我谈论幼儿体操的时候，他们明确表示不赞同；当我谈论幼儿体育馆时他们就更加表示反对。实际上，如果我们“儿童之家”的体操训练和普通学校里的一样，别说他们不赞成，就连我们自己也无法说服自己。

我们必须把体操和一般的肌肉训练作为促进孩子生理发育的

重要训练科目。当孩子出现发育迟缓或异常时，就应当鼓励他们去做有助于基本生活技能的运动（如穿衣、脱衣、扣衣扣、系鞋带、拿物品等）。假若存在一个年龄段的话，即这一时期适宜通过体育锻炼来保护儿童，那么毫无疑问这个年龄段就是3～6岁。保健体操最适合这一阶段。

本章小结

蒙氏养育观点

所有运动对儿童的成长都有很大的帮助。这主要表现在3方面：（1）掌握平衡；（2）协调肌肉运动；（3）增加肺活量。

孩子还没有完全发育成熟的下肢骨骼必须承受相较它大得不成比例的躯干。因此，不要以成年人的行走标准来要求孩子，更不应要求他们像我们一样步态平稳。

儿童的身体有其年龄段自身的比例和特征。幼儿喜欢爬行，儿童一般会有向后仰或向前踢腿的倾向。

“动物”这个单词里含有“活力”的意思，或者更简单地说，含有“活动”的意思。如果一个正处于发育中的儿童，不运用他的运动器官，他的发展就会受到阻碍，而且与丧失了视力或听觉的人相比，他的发展将更加艰难。

□ 体育馆中应该设置一些基本运动器械，例如与行走、投掷、上下楼梯、跪下、起立、跳跃等动作相对应的锻炼器械。

□ 采用齐步走，能练习孩子的平衡能力。练习时，最好随着脚步的节奏哼一些短小的曲子，因为这样能够增强肺部功能。

□ 播撒类似玉米、燕麦等小物体，以及开关花园门或开关鸡舍门都是有益的锻炼。这些锻炼都需要在户外进行。

□ 教育体操中，应包括一些增强手指协调性的练习。这样的练习可为儿童以后的实际生活做准备，例如，穿衣服、脱衣服、解纽扣等都是增强手指协调性的练习。

□ 呼吸运动与肌肉训练相协调的训练方法：双手叉腰，张开嘴巴，舌头平直；深深吸气，伴随提肩，膈膜放低；缓慢呼气，缓慢放肩，复原姿势。这种体操为发音做好了准备，训练了语言器官。

第6章

学会爱你的4岁孩子

MONTESSORI BRINGING UP

YOUR 4 YEARS OLD

CHILD

在和谐的环境中，幼儿就像一颗植根于土壤中的种子一样，他会通过长时间的、反复的练习来生长、发育，这是他们唯一的成长方式。

·1·

实际生活中的关爱

“儿童是花朵”，这是一个流传已久的比喻。我们希望现实也是如此。但遗憾的是，现在获得这种特权的仅限于某些幸运的儿童。尽管有人呼吁“孩子也是人”，但现实的情况却是，我们可以满足一株植物所需要的生长条件，却不能满足儿童成长所必需的条件。当我们看到一位深陷痛苦之中且极其虚弱的瘫痪病人时，我们会充满同情地说：“唉，他就像植物人一样活着，已经失去了人的生存意义。”确实如此，这个人除了一具躯壳，其他什么都不存在了。既然婴儿也是人，我们就应该用对待人的方式来对待他们。在这个躁动不安的社会中，当我们密切注视婴儿的行为时会发现，他们是多么生机勃勃，对生活满怀期望啊！

儿童拥有什么样的权利？要回答这个问题，我们首先应将儿童视作一个社会阶层、一个劳动者阶层。事实上，儿童也在进行着一项创造性的劳动——创造人的劳动。他们在创造自己的未来。他们在为自己身体和心理的成长全身心地投入着。母亲在为他们进行了几个月的工作之后，就将后面的工作都留给了他们，他们要自己去完成。也就是说，儿童的任务将会更为艰辛、更为复杂、更为困难。孩子在出生时，他除了具有内在潜力之外，可以说一无所有。我们成人也必须承认，儿童将不得不在一个充满荆棘的环境中完成每一项任务！在出生时，人类比动物更加脆弱、无助。经过几年的磨炼，他们就会长大成人。他们所处的社会是经过无数代人艰辛努力而建立起来的，是一个高度复杂的、有组织的社会，他们要成为其中的一员。

自身的清洁

练习的基本内容依次如下：清洁、秩序、体姿、会话。

孩子到学校后，首先进行清洁检查。如果有可能的话，我们的教员当着孩子妈妈的面进行检查，包括孩子的手、指甲、脖子、耳朵、牙齿，还要检查孩子的头发是否整洁。在检查过程中，如果发现他们的衣服破了、撕坏了、弄脏了、缺少纽扣，或是鞋不干净等，教员就应提醒孩子下次要注意。这样就能够促使孩子养成注重个人形象和仪表的好习惯。

在“儿童之家”内，尽管并不要求孩子每天都洗澡，但仍要求孩子经常去做这件事。为了方便孩子洗澡，每班都设有清洗架、水瓶、盆等相关物品。在孩子洗澡时，教员还会教孩子如何清洗身体局部。比如，让他们学习如何洗手和清理指甲。有时，我们还教孩子们洗脚、刷牙、漱口，尤其是让他们学会如何掏耳朵和怎样用清水洗眼睛。在我们的精心指导下，孩子们渐渐地就可以独立洗澡了。

个人卫生检查完后，老师就让孩子们戴上围裙，开始检查教室，查看教室的一切物品是否整洁，教孩子怎样把角落里的灰尘打扫干净，怎样使用打扫教室的各种工具，例如抹布、刷子和小扫帚等。如果教室内不清洁，孩子们就使用工具把教室清洁得干干净净，然后再各自回到自己的座位上。老师开始向孩子们讲解正确的坐姿：保持安静，两脚搁在地板上，双手放在桌子上，头部不许偏向一边，保持身体端正。孩子们按照正确的坐姿坐好以后，便开始唱圣歌。唱圣歌前，孩子们要起立。从站起来唱圣歌到唱完圣歌坐下，老师要求孩子们无论是站立还是坐下，尽量不要发出声响。通过这样的方式，孩子们就能够学会在走动时保持安静。

卫生领域的进步

卫生学已经将自由纳入婴儿的生理生活中。自由的具体表现有：

取消婴儿的包裹带，让儿童享受户外生活，延长儿童的睡眠时间，做到让儿童自然醒来……但是，在我看来，这些仅仅是让儿童获得自由的手段。让儿童在生命旅程之初就摆脱疾病与死亡的威胁，才是使儿童获得自由的更为重要的措施。一旦将这些障碍清除，不仅儿童的存活率会大大提升，而且他们的成长发育也能快速得到改善。

卫生学在帮助儿童增长身高、体重，对使他们的外形变得更为漂亮等方面起到了一定的作用。但是这些还远远不够！卫生学所做的工作充其量也只是排除了某些影响儿童生长的不利因素。也就是说，有些外部条件妨碍了儿童身体的发展和生命的自然进程，卫生学帮助儿童冲破了这些枷锁的束缚。每个人都应在认识到“儿童应该得到自由”的同时，也认识到“满足儿童生理、生活条件”与“给予儿童自由”是相辅相成的。由于护理领域的发展，婴儿如幼苗一般受到照顾——良好的食物、清新的空气、适宜的温度，再加上对各类易诱发疾病的寄生虫予以攻克。我们可以毫不夸张地说，我们照料这些“天之骄子”的精细程度，就如同对待别墅里最美丽、最娇弱的玫瑰一样。

“化茧成蝶”

在“儿童之家”，我们曾经看到过这样的儿童，他一直表现得非常快乐，做事很耐心、沉着而且十分细致，就像我们所见过的最好的工人或者最称职的管理者那样。他房间的环境对他的行为来说非常便利：挂衣物的衣钩就在墙上很矮的地方，一伸手就可以够着；当他轻轻地打开一扇门的时候，门的扶手大小合适，能被他用手握住；房间里椅子的重量正好与他的臂力相适合，让他不会感到太沉。在进行这些活动的时候，他的动作轻松、自在、优美，使人感到那完全是一种享受。我们由此提出了一条非常简明的建议：为儿童创造一个与他相适合的环境，其中每样东西的大小都跟儿童的能力相匹配，让儿童在这样的环境中生活，这对儿童发展他的内在能力很有帮助。我们会为他们在这种环境里表现出来的“积极生活”态度而惊叹。他们不只会在这里非常愉快地进行练习，而且内在的精神还将充满活力。观察中我们发现，在和谐的环境中，幼儿就像一颗植根于土壤中的种子一样，他会通过长时间的、反复的练习来生长、发育，这是他们唯一的成长方式。

当然，虽然幼儿在活动中会表现出专心的神态，可是因为他的整个机体组织尚未发育到成熟的水平，他们的动作会比较慢，就像他们的腿还很短，所以行走的速度比较慢一样。我们凭借直觉就可以发现，他们的生命正逐步地从内部开始得以发展和完善，仿佛是蝶蛹在茧中一天天地长大，最后变成蝴蝶一样。如果人们阻碍这个过程的进行，就无异于用暴力去摧残生命。

在我们的教育方法中，第一步必须唤醒儿童。我们要唤醒他们的注意，唤醒他们内在的生命，唤醒他们和别人一起创造生活的激情。

·2·

规律的作息和自我管理

学校建立起来以后，如何安排学习和活动计划是实际摆在我面前的问题。制订作息时间表应该考虑两方面：

- 上课时间的长短；
- 学习和生活活动的时间分配。

实行规律的作息

我一直认为“儿童之家”应该和培智中心一样，上课时间相对较长。一整天的时间都要安排活动。对于生活在工人住宅区里的穷人家的孩子，我建议冬天上课时间从早上9:00到晚上5:00；夏季为早上8:00到晚上6:00。如果我们按照有利于孩子成长的原则考虑，这么长的上课时间是非常有必要的。不过，孩子要度过这么长的上课时间，至少应该给他们一小时的午睡时间，但是实际上存在困难。目前，我们只能够让孩子在自己的座位上休息。但我想，过不了多久，我们就会有安静、遮光好的房间，让孩子们躺在吊床里午睡。在罗马的“儿童之家”里，由于孩子离家不是太远，可以把他们送回自己的家里午睡。

我们还必须考虑到，孩子上课时间长，不但需要午睡，还要准备午饭。更重要的是，像“儿童之家”这样的学校，办学的宗旨就是帮助和指导孩子在3~6岁这一重要发育期，能够更好地成长。

“儿童之家”是培养孩子的园地，是他们人生的起点。我们要求孩子在学校里待那么长的时间，目的不是让他们像其他学校的学生那样，机械地去学习、学习再学习，而是让他们在这里以愉快的心情，接受我们的辅导和教育。

在我们的教育方法中，第一步必须唤醒他们。我们要唤醒他们的注意，唤醒他们内在的生命，唤醒他们和别人一起创造生活的激情。做一个不太恰当的比较，当我们做实验的时候，就必须像进行实验人类学或心理学那样，把仪器准备好（环境应该和仪器的要求一致）后，还必须准备好实验的对象。从整个教育方法考虑，我们的工作必须为孩子将来适应社会生活方式做好准备。

儿童的自我教育

我们要推动儿童进行自我教育。儿童开始进行自我教育后，会表现出以下特征：他们的反应会变得更加迅速，更有准备。以前，那些从他们身边溜走的感官刺激物根本没有引起他们注意，或者只是引起了他们的一点点兴趣。现在，这些刺激物却能被儿童强烈地感知到。而且，他们能很轻易地发现事物之间的联系。在他们运用这些事物的时候，如果出现了差错，他们就能马上察觉，并迅速做出判断，纠正差错。正是在这种感觉体操中，儿童完成了原始而基本的智力训练，唤醒了自身的中枢神经系统，并且让它保持运动。

这些反应迅速、活力充沛的孩子对最轻微的刺激都表现得很敏感。他们时刻都准备着飞快地奔向我们，还能够集中注意力去对待所遇到的东西。当看到这些情景时，我们就会不自觉地把他们跟那些普通学校里反应迟钝的孩子进行比较，那里的孩子总是动作缓慢，对刺激物反应淡漠，缺少自发联想的能力。

进行这种比较的时候，我们就会自然地用今天的文明跟以前的文明进行对比。比如，今天的社会环境比过去的更加舒适：以前马车曾经是主要的交通工具，现在我们已经开始乘坐汽车或飞机旅行了，我们比过去更节省时间了；以前人们交流的方式是靠写信，现在我们主要通过电话进行联络……所有这些都让我们感到，人类“文明”的进化并不是建立在“珍惜生命”或“珍惜灵魂”的基础上的，而是以“珍惜时间”为基础的。我们实实在在地从外部感觉到文明的发展，机器转得更快了，经济的发展也更快了。

但是，人类自身并没有跟上文明的发展步伐，个人还不能有条不紊地实现自我的发展。在这个变化多端的复杂环境中，孩子们还不能随时处理自己面对的各种问题，还不能充分地利用人类在外部环境上的进步来为自身服务。虽然我们已进入了一个文明社会，但是我们的精神却一直受到欺骗、受到压抑！

如果人类不努力改造自己，让自己同所创造的这个新世界和谐相处，那么总有一天，人类会被这个新世界压垮，甚至被彻底摧毁。

孩子对这个世界做出的反应，不仅表现为思维快捷和外表聪颖，它既跟训练有关，也与建立相应的内在秩序相联系。对所熟悉的工作进行有组织、层次清晰、条理分明的再安排，这本身更能说明智力的形成过程。

总之，秩序是一个人能迅速做出反应的关键所在。思维混乱的大脑很难对某一知觉对象产生正确的认识，这并不比写一篇推理性论文简单。无论对于整个社会还是某个具体的人，能够让他实现迅速发展的正是组织和秩序。

练习的先后次序

孩子从小要学会安排事情的先后次序。当看到孩子们根据深藏的规则，发展自己的精神和人性时，成人都非常高兴。

成人需要知道练习的顺序以及各种不同排序方式在实际中的应用，并让孩子们逐渐练习。

从整体上来讲，教学材料的使用存在着不同级别，这些级别通过“儿童之家”的实践经验，进行了明确的定义。因此，老师与孩子可以同时开展多种不同的练习。

具体来讲， 教学材料的提供和练习顺序如下：

第一阶段

孩子们一来到“儿童之家”，我们就应当让他们进行如下练习。

（1）不出声音地移动座椅（实际生活练习）。

（2）细节方面的练习：系鞋带、扣扣子、挂衣服等。

（3）圆柱体练习（感觉练习），这也是第一阶段最有用的练习。

练习中，孩子们开始集中注意力，进行了自己的第一次比较、第一次选择。

在圆柱体练习当中，从简单到困难有着如下顺序：

（1）高度相同、直径递减的圆柱体。

（2）直径相同、高度递减的圆柱体。

（3）所有维度都递减的圆柱体。

第二阶段

（1）孩子的实际生活练习：主要强调不出声音地站起和坐下，笔直地走路。

（2）孩子的感觉练习：有关维度的教学用具包括木棒、棱柱体或立方体，以此进行练习。

孩子们进行这些感觉练习是为了认识维度，就像在圆柱体练习中一样，只不过是从另一个不同的方面进行的。

物体之间的差异，要比之前叙述的练习中明显得多。这一阶段所使用的教具都非常大。

在先前的练习中出现的错误，通过教学用具本身，就能够机械地呈现给孩子。就像孩子不可能将一个物体放进不属于它所在的位置，这本身就提供了一种对与错的提示。在这里，孩子们的眼睛就能看出这些差异并发现错误。

在前面的练习中，孩子坐在那里用自己的手去摆弄小物体，进行的是一些非常简单的动作。而在这种新练习中，如果想要完成动作，就需要更复杂、更困难的动作以及肌肉上的努力。孩子们从桌子到地毯上，通过站起来、跪下、搬运重物体等动作，来实现眼前的这一努力。这就是循序渐进，不断进步。孩子们由此可以得知：凡事都有过程与铺垫。

孩子在这一练习中，我们的老师注意到，孩子们对于最后的即最大的两件物体，总有些搞不清楚。尽管他们已经学会将其他物体放到相对应的位置里面，而对这两件物体，总是意识不到自己在处理的时候所犯的错误。

我们要让孩子渐渐地明白：实际上所有物体的变化差异都是相同的，当物体本身的尺寸不断增大时，这种差异也就相对减小。例如，将底面边长是1厘米的立方体增加1厘米变成2厘米时，这个正方体的体积就增长1倍，而如果底面边长是9厘米的正方体增加1厘米，差别仅仅1／10。变化差异的规律，要让孩子知道。

因此，从理论上讲，教学过程中，在小孩进行这种练习当中，我们应当从最小的一件教具开始。确实，老师与孩子能够利用教学用具的尺寸和长度来实现这一点。

不过，在使用立方体教学的时候，却不能这样做，必须要将立方体搭成一个宝塔状，而这个宝塔必须用最大的立方体来当底。

玩耍的教学就是游戏教学。孩子们立刻被这个宝塔所吸引，兴致勃勃地开始玩起来。

老师经常看到一些非常小的孩子在玩宝塔时，将第二大的立方体当作宝塔底。当这个孩子重复这一练习时，自己就纠正了这个错误，并且是永久性纠正。

当然可以确定，“儿童之家”教育过的孩子，他们的视觉已经经过训练，能够感受到两个物体之间非常细微的差别。这一点就是教育培养出的好素质。

这里再进行一下说明：在“儿童之家”教授维度的3套木质教具当中，其中2套只相差1厘米，另外一套每个部件之间相差10厘米。

孩子们首先被这套最大的木块吸引，但在练习过程中，也犯了最多的错误。理论上，差别较大的教具似乎应该能够首先吸引孩子的注意力，并能阻止错误发生，实际情况却大相径庭，所以凡事不要想当然。

教与学的结论与经验是：孩子们只有在经过长时间练习，且消除玩另外两套木块时容易犯的错误后，他们才能够完美地对这套木块进行排列。

从这里可以看出，这套木块是维度教学当中最难的一个系列。

孩子们的练习到这里以后，就可以满怀兴趣地在视觉和触觉刺激练习上集中注意力了。

因此，我们在实践中并不遵循生理学和解剖学上对感觉器官发展过程的描述。实践出真知，感觉的发展与心理测量学研究理论上的发展过程并不一致。

尽管触觉器官是分布最广泛的，属于最简单的及最不复杂的器官，但在教学当中，触觉训练往往因为它自身的原始性，而不受到重视。

在“儿童之家”，老师给孩子们一些粗糙或者光滑的表面，让他们进行触觉训练。老师应当记住一点，这种练习非常重要。

如果时机合适，这种练习会引起孩子极大的兴趣。因为在这种练习的基础上，再结合后面将要介绍的手部动作练习，孩子才能够进行书写的学习。

“颜色匹配”练习即认识两种颜色的练习，与上面介绍的两种感觉练习结合在一起，是有关色觉的第一项练习。

颜色练习一开始非常简单，如果孩子们想要饶有兴趣地重复这一练习，就必须通过前面的练习获得一定程度的注意集中能力。这同样是只有孩子的眼睛能够进行判别的练习，就像在维度练习当中一样。

与此同时，孩子已经听过音乐，能在老师演奏的音乐节奏中沿直线前进。为了获得节奏感，相同练习的重复是必需的，也是有关自觉行为练习中所必需的。这同样要求音乐的重复。

渐渐地，孩子们学会了自发伴随着音乐进行一定的动作。

有关保持安静的练习，孩子也要进行重复。

第三阶段

（1）幼儿的感觉练习

这是让孩子开始对触觉、色觉等不同级别的刺激进行认知的教学，可以让孩子们自己自由进行练习。

老师给孩子们以听觉刺激，如声音、噪声以及压觉刺激。

（2）可与上述感觉练习同步进行的几何图形教学

这是让孩子进行描画图形轮廓线的手部活动练习。

这一练习以及同时进行的触觉刺激程度认知练习和其他一些练习，都为书写做了准备。

在孩子们能够很好地认出木质几何图形之后，老师给他们一系列画有几何图形的卡片。

这些卡片为学认抽象符号做了准备，而抽象符号包含在书写中。

孩子学会了认识图形，之前的练习已经在孩子身上形成了有条理的智力个性。

所有这些练习，可以被看作从感觉练习通向写字，从准备通向实际教学的桥梁。

（3）幼儿的实际生活练习

孩子们要自己洗澡、穿脱衣服、擦桌子，以及学会使用各种物体等。

第四阶段

（1）感觉训练

在这一阶段，孩子应重复各种感觉练习。

另外，通过一系列小钟的帮助，老师要给孩子介绍各种音乐符号。在这里解释一下，因为闹钟或者小钟拧紧发条后，会发出不同音符或者乐器的声音，所以可以让孩子通过感觉刺激进行辨认。

（2）和书写有关的练习

这是有关图画的练习。孩子这时应进行利用金属制作的平面几何图形绘画的练习。他已经能够协调手部动作，描画轮廓线了。在这里，他不再用手指来描画，而用铅笔把轮廓线画在纸上。接着，用彩色铅笔将图形涂上颜色，就像书写时一样握笔。

与此同时，教授孩子触摸并认识一些由砂纸做成的字母。

（3）算术练习

在这个练习上，尽管老师在让孩子进行感觉练习和木棒练习，但其目的与之前进行这些练习的目的并不相同。

现在，“儿童之家”的老师让孩子根据之前的红蓝木棒对应数不同数量的物体，从简单到复杂，从只包含1个颜色部分的木棒开始，直到包含10个颜色部分的木棒为止。

老师教孩子继续这种练习，还可以进行一些其他更复杂的练习。

在图画练习中，“儿童之家”从几何图形的轮廓线过渡到在4年实践经验基础上所建立起来的不规则图形轮廓，具有很好的现实效果。

这些图画对儿童具有教育意义，在学习上具有重要性，并表现出“儿童之家”教育方法是经过最仔细的研究的。正是这些细致入微的研究提升了儿童的能力与智慧。

这些练习为继续孩子的感觉训练起到积极作用，同时也帮助孩子学会观察周围环境积累观察能力。

这些练习还发展了孩子的智力，在书写方面，也为书写长短笔画做了准备。

在“儿童之家”进行这些练习后，孩子们书写各种字母就变得很容易，并且可以不使用各类小学中使用的课本，就能达到很好的学习效果。

“儿童之家”的老师们在孩子学会使用书面语言的基础上，进一步让他们学习字母表中的字母知识，用可移动的字母进行组词。这项练习生动灵活，且能激发孩子的兴趣。

接下来，可以让孩子们进行木钉练习了。同时，孩子们也应进行在数字下面放上相应数目物体的游戏。这些物体应当排成两列，这样就能够使奇数和偶数问题变得明确。值得一提的是，这种排列方法来自塞贡。

（4）孩子的生活练习

- 为午餐清洁室内，布置桌面。
- 学会将房间整理得井井有条，打扫得干干净净。
- 关注个人清洁卫生和一些细节问题，比如，如何刷牙，如何修剪指甲等。
- 通过节奏练习，学会以一种优雅自由和平衡的方式走路。
- 知道怎样移动各种各样的物体，而不弄坏或者掉下来，也不发出任何噪声；知道怎样保持安静，如何控制自己的动作。

第五阶段

要求老师带孩子继续前面的练习，并进行更加复杂的节奏练习，更上一层楼。

（1）书写练习

使用可移动的字母，进行单词和短语的组合：

- 自发地书写单词和短语。

- 阅读老师准备好的卡片。

（2）木棒练习

继续应用木棒练习算术运算。

（3）图画练习

在图画练习中，老师教给孩子两件事，即水彩的使用和自由写生（画花朵、苹果等）。

在这一阶段，孩子们表现出了令人感兴趣的发展差异。他们按照老师的指导，以一种显著的方式各自在发展着，并且逻辑也在进一步条理化。

当看到孩子们根据深藏的规则，发展自己的精神和人性时，我和其他老师都非常高兴。所以说，只有那些经历过的人才有资格体会收获的快乐。

对于年幼的儿童来说，他们应该享有更多文化和精神上的自由，因为同其他年龄段的人相比，他们正在进行着更为重要的创造性活动。

·3·

帮助孩子在巨人的世界里生存

看看我们的周围，直到现在，我们才开始为接受婴儿这位尊贵的客人做些准备。仔细历数，在琳琅满目、物质丰富的商品世界里，有什么东西是为孩子准备的呢？这里没有适合他们使用的水盆和沙发，也没有适合他们使用的桌子和刷子。一个家庭可能有很多个房间，但是却没有一间是根据孩子的爱好布置的。只有那些出生在比较富裕的家庭中的孩子才非常幸运地拥有自己的房间，可这房间也是流放孩子的地方。

巨人的世界

不妨让我们来设想一下孩子在一天的生活中所受到的痛苦。假如有一天，我们成人生活在一群巨人之中——他们的腿极长，体型极大，而且运动的能力不知道强过我们多少倍，头脑也要聪敏很多。我们想迈进巨人们的房间，但是房子的每道门槛都比我们的膝关节还要高；我们要爬上去，也必须得到主人的帮助才可以做到；我们想要坐下，但是那椅子居然跟我们的肩膀一样高，要坐到上面去就一定要先经过艰难的攀爬过程；我们想刷洗脏衣服，可是所有的刷子都是超大的，我们既握不住它，也拿不起它；我们想把指甲清理一下，可是别人递给我们的刷子像刷衣服的刷子一样大；我们想舒舒服服地洗个澡，可是洗澡盆却非常笨重，让我们不可能端起它。如果这些巨人还笑着对我们说一直盼着我们的到来，我们没有理由不向他们抱怨：他们没有做好接待的工作，也没有准备让我们在他们中间愉快地生活。

儿童的需要

跟我们上面的比喻类似的是，当孩子来到这个世界的时候，他们需要各种各样的玩具，甚至包括为那些玩具娃娃准备的东西。此外，他们还需要有利于身心健康发展的环境，这个环境应该是丰富多彩、富有吸引力的。可遗憾的是，他们发现这些都并没有创建起来。成人只是准备好了一些小房子，包括小起居室、小厨房等，还有小衣柜，换句话说，成人只是为孩子们提供了成人使用物品的微缩品。孩子们只能用它们进行娱乐，却不能在其中生活。这是成人跟孩子开的一个大玩笑，而这正源于成人没有认为孩子是活生生的人。孩子到了这个世界才发现，自己只不过是被社会愚弄的对象。

我们都知道，儿童经常会损坏他们手里的玩具，即便是那些为他们特别制作的玩具，他们有时候也不珍惜。依照我们的看法，儿童的这种破坏行为正可以证明他们的智力有所发展了。儿童会破坏玩具，是因为他们想了解“这东西是如何做成的”。可以说，他们其实是在玩具中寻找自己心中有趣的东西。因为他们从玩具的外观上没有发现感兴趣的东西，所以有时候会用力地把这些东西打碎，从而探究隐藏其中的奥秘。

儿童会自然地借助周围的环境和各种各样的辅助物品来发展自己。他们愿意使用自己的脸盆，自己穿衣服，自己动手扫地，给别人梳头发；他们想拥有能够跟他们相配的桌椅、沙发、衣架和食品柜；他们希望凭借自己的双手达到某种智力水平，并让自己舒适安逸地生活。他们不只是在行为方式上“像成人一样”，还要努力地把自己“塑造为成人”。这是儿童的一种天性，也是儿童的一种使命。

巨人的奴隶

可是在现实生活中，我们是如何对待儿童的呢？我们可能无所顾忌地随意阻止儿童的活动，就好像是主人对待没有人权的奴隶一样，而且在这样做的时候，我们竟然没有一丝内疚的感觉。在很多人的眼中，尊重儿童是非常可笑的。对于下面的情形，成人可能已经习以为常了：一个儿童正在做自己的事情，比如吃饭，而家人就会去喂他；当儿童正努力地扣外衣扣子的时候，又有成人赶快去帮他扣好。总而言之，儿童的每个行为都会有人代替他去做。其实这样做对孩子真是一点儿都不尊重。相反，当儿童妨碍我们的时候，我们就会非常严厉地禁止他们。我们在进行自己工作的时候，往往对我们权限之内的事特别敏感，当有人想要取代我们，就会马上感到被人冒犯。

想一想，如果有一天，我们成为那些无法跟我们进行沟通且强壮无比的巨人的奴隶，我们还可以做些什么呢？当我们正要不慌不忙地去品尝美味的汤时，巨人突然出现，从我们手中把汤匙拿走，还手拿汤匙把汤塞到我们嘴里，强迫我们用最快的速度把汤喝完。他的举动可能要让我们噎住了。我们也会表示抗议：“仁慈些，请您慢一点儿吧！”可是，我们的消化功能必然会因为由此产生的心理压力而受到损害。再比如，因为有一场令人快乐的约会，我们正在房间里愉快地穿外套，巨人突然进来，把一件衣服扔给我们，强行要求我们穿上。他的举动会使我们觉得自己的尊严受到了极大的伤害，当我们穿上外套去散步的时候，已经没有一丝愉悦的心情了。

我们的身体所需要的不光是喝下去的有营养的汤、有利于健康的步行训练，还有可以自主地做这些事情的自由。我们由于上述问题而感到不快和难受，不是完全因为对巨人的憎恶，更是发自内心的一种天性，源于我们在生活的各个方面对自由这项权利的认识。是对自由的热爱使我们的生活获得了一种滋润，也正是它给我们带来了幸福和健康。自由的作用不只体现在人生这样的大事上，在那些细微的行为举止中，它也会有所体现。就像一位哲人说过的：“人不能只依靠面包活着。”对于年幼的儿童来说，他们应该享有更多文化和精神上的自由，因为同其他年龄段的人相比，他们正在进行着更为重要的创造性活动。

成人的干预和入侵

当成人干预和入侵儿童生活领地的时候，儿童会斗争和反抗。当孩子们对自己的感觉进行锻炼的时候，身边的人往往会马上制止他们："不要摸！"当他们尝试着从厨房拿些碎菜叶之类的原料来做盘小菜时，他们可能还会受到大人的呵斥，而且被无情地送回到房间里去玩玩具。当儿童集中注意力的时候，就是他们的内在精神活动得以发展和组织的过程；当儿童自发进行努力的时候，就是他们在搜索周围那些发展他们智力的事物的过程，这是非常神奇的时刻！可是，就是在这样非凡的时刻，他们的行为却常常被大人粗暴地打断！类似地，我们成年人常常会感到，在我们的人生旅程中有一些珍贵的东西会消失，我们可能有一种被欺骗和蔑视的感觉，其中的原因可能就是，在进行自我创造的这个关键时期，如果我们的行为被打断了，我们的身心受到伤害了，就将造成我们的心理不健康、脆弱，甚至产生某种缺陷。

我们可以再找些成人的情形作为例子来说明这些行为的后果。在我们的世界里，尽管有些成人没有其他人成熟和稳重，可是他们具有某方面的天赋。比如，一个充满了灵性的作家，他能够通过自己创作的振奋人心的作品激励和帮助别人；一个数学家可以通过他发现的某种解决重大问题的方法为人类做出贡献。

可前提是他们的灵感不能被打断。例如，一个艺术家正在头脑中勾勒一种绝妙形象的时候，他可能迫不及待地想把它呈现在画布上，以免灵感转瞬即逝。我们可以想象一下，如果在这一个关键的时刻，一个人粗暴地打扰了他，向这位艺术家大喊大叫，要求他马上跟自己出去，理由可能只是陪自己去下棋，我们的天才只能对此表示愤慨："你的行为真是残暴至极！我的灵感都因为你的愚蠢而失去了，人类可能要丧失一首诗、一幅艺术杰作或者一项有价值的发现。"

相比之下，虽然儿童没有因为这样的情况而失去创作某种艺术杰作的机会，可是他们却失去了自我。其实，他们所创作的就是一个新人，就是在内心深处打造出一个有创造力的天才。幼儿的"任性""顽皮""幼稚"可能就是他们由于灵魂受到了误解而发出的不幸的哭喊。

对于儿童来说，在这种情况下，受损的可能不只是他的灵魂，还有他的身体。人的特点就是，如果他的精神受到损害，他的整个物质方面的存在也将受到一定的影响。

有一家慈善机构，里面有一个长得很丑的小孩，但他很幸运，因为看护他的妇女特别喜欢他。有一天，这位看护人告诉孩子的母亲，那孩子越长越好看了。听到这个消息，孩子的母亲就去看望孩子，可是她发现孩子仍然特别难看。而她也从中领悟到了一点，可能是由于每天的相处让一个人对另一个人的缺点产生了习惯的心理。过了一段时间，看护人又像之前一样向那位夫人报告，夫人再次和善地对这个机构进行了访问。这一回，那个看护孩子的年轻妇女充满热情地谈论她的孩子，这给夫人留下了深刻的印象，并且让她想到，爱会让说话人盲目，而她自己居然也会为此深受感动。几个月的时间过去了，最后，那位看护人带着胜利的心情喜悦地宣布，那个孩子从此不再有什么缺点了，他变得“美丽”了。夫人对此感到震惊，而她也不得不承认，这种改变是真的。在伟大的爱的影响下，孩子的身体改变了。

儿童需要的是：一个适当的环境、一位谦逊的老师和一些让他们工作的物品。

·4·

帮助儿童获得灵魂的快乐

除了对一些事实和感想的简要描述外，我们还要关注一个非常重要的问题——方法。我们使用什么样的方法才能得到这些结果？

其实，我们所关注的并不是方法本身，而是方法背后的儿童。我们可以发现儿童的心灵摆脱了障碍的束缚，依照其本性发挥作用。就像小鸟喜爱色彩、花朵散发芬芳一样，我们列举的那些童年时代的特征完全适合儿童的生活。教育方法是无法产生这样的结果的，但是恰当的教育方法能够通过保护和培养儿童来帮助他们成长，从而促使他们的天性得到发展。

园丁们运用适宜的方法照顾和培育花朵，能够改变花朵的气味、颜色以及其他自然特性。教育儿童和培育花卉在某些方面有相似之处。

在“儿童之家”中，我们可以观察到儿童的心理特征。这种心理特征是儿童的天性表现，尽管它没有植物的生理特征表现得那样显著。儿童的心理世界是如此多变，如果将他们置于不适当的环境中，他们的天性就可能完全被掩盖或被其他东西替代。所以，我们在构建每一种教育体系之前，都必须为儿童提供适当的环境，帮助他们发展天性，而需要我们做的仅仅是清除儿童发展的障碍。这一点应该成为未来教育最重要、最基础的出发点。

发掘儿童的天性

首先，我们要做的就是发掘儿童真正的天性，为他们的正常发展提供帮助。

如果我们仔细思考一下那些曾引起儿童天性正常发展的偶然因素，就会发现其中某些条件具有重要作用。

第一个条件就是：让儿童生活在一个令其愉悦的环境里。

在这里，所有的东西都是为他们精心准备的。“儿童之家”的很多孩子都来自贫困家庭。对他们来说，洁净的教室、新桌子、新椅子、院子里的阳光和草坪等，都具有极强的吸引力。

第二个条件是：成人的公正表现。

这些孩子的父母大多是文盲，他们的老师是没有企图、没有成见的劳动女性，这就使得她在与孩子相处时拥有一种理性的、和谐的心态。

老师必须保持和谐的状态。这一点早已为人们所认可，但人们通常认为这种和谐是一种与神经质相反的性格。其实，这种和谐是一种深沉的平静，是一种内心清空，或更准确地说是一种不人为设置障碍的状态。这种和谐的状态是老师保持内在清醒的源泉。这种和谐是由谦虚、纯洁的心灵产生的，是理解儿童的必要条件，因此每一位老师都需要具备这种和谐的状态。

第三个条件是：要为儿童提供特殊的物品，让他们工作。

儿童会被这些具有完善感知觉作用的物体所吸引，他们能够运用这些物品发展自己的认知能力和运动能力等。这些物品还可以教他们学会集中注意力工作。这是任何一种说教都无法做到的。

综上所述，儿童需要的是：一个适当的环境、一位谦逊的老师和一些让他们工作的物品。

积极的心理体验有利于身体健康

在整个这段时期里，我们没有专门做任何事情去改善儿童的身体和营养状况。但现在，没有任何人能从这些孩子红润、充满生机的脸上看出，他们曾经是营养不良或贫血的孩子，他们的身体曾经急切地需要食物、营养品和专门的治疗。他们所拥有的健康体魄，就好像得益于他们所接触到的新鲜空气和灿烂阳光一样。

如果像我们认为的那样，心理上的压抑会影响新陈代谢，并会降低一个人的活力。那么可以肯定的是，反向的情况也会发生：给人以激励的心理体验，能够提高新陈代谢的速度，促进人们的身体健康。我们对这些儿童所做的就证明了这一点。今天，这个真理已经得到了普遍接受，我们的经验虽然无法产生很大的影响，但在当时确实引起了轰动。

本章小结

蒙氏养育观点

孩子到学校后，老师首先进行清洁检查。如果有可能的话，还要当着孩子妈妈的面进行检查。检查内容包括孩子的手、指甲、脖子、耳朵、牙齿，还要检查孩子的头发是否整洁。这样就能够促使孩子养成注重个人形象和仪表的好习惯。

为儿童创造一个与他相适合的环境，其中每样东西的大小都跟儿童的能力相匹配，让儿童在这样的环境中生活，对发展儿童的内在能力很有帮助。

在和谐的环境中，幼儿就像一颗植根于土壤中的种子一样，他会通过长时间的、反复的练习来生长、发育，这是他们唯一的成长方式。

儿童会自然地借助周围的环境和各种各样的辅助物品来发展自己。他们希望凭借自己的双手达到某种智力水平，并让自己舒适安逸地生活。他们不只是在行为方式上“像成人一样”，还要努力地把自己“塑造为成人”。

□ 练习的基本内容依次如下：清洁、秩序、体姿、会话。

□ 我们要求孩子在学校里待那么长时间，目的不是让他们像其他学校的学生那样，机械地去学习、学习再学习，而是让他们在这里以愉快的心情，接受我们的辅导和教育。

□ 让儿童在生命旅程之初就摆脱疾病与死亡的威胁，才是使儿童获得自由的更为重要的措施。

□ 制订作息时间表应该考虑两方面：一是上课时间的长短；二是学习和生活活动的时间分配。

□ 秩序是一个人能迅速作出反应的关键所在。

□ 孩子从小要学会安排事情的先后次序。

□ 成人只是为孩子们提供了成人使用物品的微缩品。孩子们只能用它们进行娱乐，却不能在其中生活。

附 录

MONTESSORI BRINGING UP

YOUR 4 YEARS OLD

CHILD

识数训练

训练目的：深入认识数字，全面理解数字的含义

step 1 准备一个盛有数字0～4的折叠数字卡的盒子，一个盛有15颗弹珠的盒子。

step 2 邀请5个孩子坐在地毯上，让每个孩子从盛有数字卡的盒子内抽取一张数字卡。

step 3 抽完数字卡片后，告诉孩子："打开卡片，看一看卡片上的数字，看完后折叠好，不要让其他人看到你卡片上的数字。"

step 4 让孩子记住卡片上的数字，然后按照数字从盒子内拿相应的弹珠放在自己面前的桌子上。

step 5 等到孩子完成后，让孩子读出卡片上的数字，看看和自己所拿弹珠的数量是不是一致。

step 6 问一颗弹珠都没有拿的孩子："你怎么什么都没有拿呢？"孩子会回答说："我的卡片上是数字0，所以我什么都没有拿。"这时，再次对孩子说："0就是什么都没有，你做得很正确。"依此问完其他孩子。

训练方略

● 孩子在从盒子内抽取数字卡片时，要按照顺序来抽取，让孩子养成做事要按顺序来做的好习惯。

● 在检查结果时，如果孩子拿错了，我们不要立即指出来，让孩子自己发现并改正。

认识小动物训练

训练目的：训练孩子的听觉敏锐度，认识各种动物声音

step 1 准备5～10张动物卡片，让孩子认识这些动物。

step 2 给孩子播放这些动物的叫声，让他熟悉每种动物的声音。

step 3 当孩子记住这些声音后，父母随机播放每种动物的声音，让他说出这是哪种动物，同时找出正确的卡片，并模仿动物的叫声。反复练习这个游戏，让孩子能熟练、准确地听出这些动物的声音。

训练方略

● 游戏难度要循序渐进，先从孩子熟悉的动物开始，然后逐步增加其他动物。

● 这个游戏非常适合全家人一起做，既能训练孩子的听觉反应力，又能增加孩子的学习兴趣。

节奏感训练

训练目的：聆听不同的声音，训练孩子的节奏感

step 1 准备5只大小相同的玻璃杯，在玻璃杯中倒上水，水量从少到多，使其敲击时能够发出不同音调的声音。

step 2 让孩子用筷子逐个敲打杯子，熟悉水杯发出的声音。

step 3 让孩子按照一定节奏逐个敲打杯子，然后交叉敲打杯子，感受不一样的声音。

step 4 父母可以给孩子做示范，随时变换敲打节奏以形成简单的曲调。然后让孩子自己体验，直到他玩到尽兴为止。

训练方略

● 在游戏过程中，可以让孩子跟着敲击声哼唱，这样有助于培养孩子的节奏感。

● 可以用玻璃瓶代替玻璃杯，敲打时要掌握好力度，以免将容器敲碎。